PHOTOSHOP-WORKSHOPS

PHOTOSHOP-WORKSHOPS

SIMON JOINSON

mitp

Für Felix

Bibliografische Informationen der Deutschen Nationalbibliothek
Die Deutsche Nationalbibliothek verzeichnet diese Publikation in der Deutschen Nationalbibliografie; detaillierte bibliografische Daten sind im Internet
über http://dnb.d-nb.de abrufbar.

ISBN 978-3-8266-5897-6

1. Auflage 2010
© 2010 **mitp**, eine Marke der Verlagsgruppe Hüthig Jehle Rehm GmbH
Heidelberg, München, Landsberg, Frechen, Hamburg

IT-fachportal.de

First published **2009** under the title **Get the Most From Photoshop** by **David & Charles**-Brunel House, Newton Abbot, Devon, TQ12 4 PU
copyright © Simon Joinson, David & Charles Publishers Ltd, 2009

INHALT

EINFÜHRUNG

Angeblich soll der Mensch nur ca. 10 Prozent seiner Hirnleistung aktiv nutzen und für die meisten gelegentlichen Nutzer trifft dies ebenso auf Photoshop zu. Die unbestrittene Mutter aller Bildbearbeitungsprogramme, Photoshop, wuchs aus recht einfachen Verhältnissen zum leistungsstarken, funktionsgeladenen Giganten von heute heran. Dieses Buch soll kein Versuch sein, eine Photoshop- Bedienungsleitung zu verfassen oder jedes einzelne Werkzeug, Menü oder jede Option einzeln zu beschreiben. Wichtige Teile des Programms werde ich nur anreißen (viele der eher esoterischen oder hochspezialisierten Funktionen habe ich gänzlich ausgelassen). Schließlich wollte ich keine weitere Photoshop-Enzyklopädie schreiben. Ich möchte ein Buch anbieten, mit dem der Anfänger gut klarkommt und vor allem die Schritte anbieten, die nötig sind,

um ein eigenes Foto in leicht nachvollziehbaren Schritten zu bearbeiten.

Der erste Teil des Buches beschäftigt sich mit den Photoshop-Grundlagen; dem, was Sie wissen müssen, bevor Sie die ersten Schritte an Ihren Bildern wagen können. Wir stellen die wichtigsten Werkzeuge und Techniken vor und erklären, wie Sie nicht-destruktiv mit Ebenen und Masken arbeiten. Wenn es dann um speziellere Techniken geht, finden Sie immer mehr schrittweise nachvollziehbare Projekte, die Sie auf Ihre eigenen Bilder anwenden können (oder Sie laden die Bilder aus dem Buch von **www.getthemostfromphotoshop. com**).

Im gesamten Buch finden Sie Tipps, Hinweise und Tastenkürzel (siehe Seite 6), ebenso mögliche Varianten für Techniken, die Sie an Ihren eigenen Bildern ausprobieren können.

Auf der Website **www.getthemostfromphotoshop.com** (oder, falls Sie keine Lust zum Tippen haben, **www.gtmfp.net**) finden Sie Links, Bilder zum Herunterladen und zusätzliche Ressourcen, außerdem können Sie dem Autor Fragen zum Buch stellen.

Menüs und Tastenkürzel

Mit dem Zeichen > weise ich auf
Menüeinträge zum Auswählen hin:

d.h.: Bild>Korrekturen>Gradationskurven

Das heißt, klicken Sie ins **Bild**-Menü,
dann auf **Korrekturen** und wählen
Sie **Gradationskurven**.

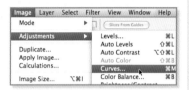

Bei Tastenkürzeln im Text biete ich
zuerst das Windows-Kürzel, dann
das Mac-Kürzel in Klammern an.

Strg-Alt-M (⌘-⌥-M)
Halten Sie die Tasten Strg, Alt und
M gleichzeitig gedrückt.

Um Platz zu sparen, habe ich die
traditionellen Mac-Symbole für die
Tasten verwendet. Bei einem Nicht-
Mac-Keyboard lauten diese:
⌥ - Alt oder Option   ⇧ - Shift
⌘ - ● oder Befehl

Auf manchen Seiten gibt es
separate Flächen mit Tastenkürzeln
für die Werkzeug. Windows- und
Mac-Kürzel sind dann zusammen zu
sehen:

Die roten Tasten gelten für den
Mac, die blauen für Windows. Graue
Tasten sind für beide Welten gleich.
Hier sollen also unter Windows Strg-
Alt-C gedrückt werden.

Schließlich spreche ich häufig vom
Rechtsklicken. Wenn Sie auf dem
Mac mit einer Ein-Tasten-Maus
arbeiten, halten Sie beim Klicken die
Strg/⌘-Taste gedrückt.

Photoshop ist ein sehr
leistungsstarkes Werkzeug, das
Bilder so verändern kann, wie es in
einer traditionellen Dunkelkammer
kaum möglich gewesen wäre. Es
ist aber letztendlich nur das: ein
Werkzeug. Es nimmt Sie nicht an die
Hand wie anwenderfreundlichere
Bildbearbeitungsprogramme
und Ein-Klick-Reparaturen findet
man hier auch nicht. So wird es
Ihnen, dem Anwender, überlassen,
diese geballte Power zu zähmen
und zu lernen, das Meiste aus
dem Programm herauszuholen –
natürlich mithilfe dieses Buches.

Ich benutze Photoshop seit
1992 täglich und ich lerne immer
noch, entdecke neue Techniken,
Effekte und Möglichkeiten, um
Zeit zu sparen und effizienter
zu arbeiten. Wenn ich gefragt
werde, warum ich Photoshop
preiswerteren Programmen
vorziehe, verweise ich nicht
nur auf das umfassende Set an
Werkzeugen oder die elegante
Benutzeroberfläche. Photoshop
besitzt auch die bei Weitem
größte Gemeinschaft an aktiven,
enthusiastischen Anwendern
– Profis wie Amateuren –, die
Techniken und Tipps auf Websites,
in Foren oder Zeitschriften
austauschen. Ich hoffe, dieses
Buch wird für Sie zu einem
Sprungbrett, von dem aus Sie
eine lange, fruchtbare Beziehung
mit diesem bemerkenswerten
Programm aufbauen können.

Der Start mit Photoshop kann
entmutigend sein und es ist recht
einfach, ein Bild mit nur ein paar
Mausklicks komplett zu ruinieren.
Aber sobald Sie ein Gefühl für
die grundlegenden Werkzeuge
entwickelt haben, müssen Sie
nicht mehr darüber nachdenken,
wie Sie das Programm benutzen,
sondern überlegen, was Sie damit
erreichen wollen. Die notwendigen
Fähigkeiten können Sie üben, über
Erfolg oder Misserfolg entscheidet
jedoch Ihre Vision.

Dieses Buch gilt nicht für
eine bestimmte Photoshop-
Version. Alle beschriebenen
Techniken und Werkzeuge sind
seit Photoshop 7.0 möglich.
Schließlich konzentrieren wir uns
hier vor allem auf Techniken, die
schon seit Jahren existieren. Falls
es Unterschiede zwischen den
Versionen gibt, sind diese im Text
gekennzeichnet.

KAPITEL 1

DER EINSTIEG IN PHOTOSHOP

Die ersten Schritte in Photoshop können recht entmutigend sein, aber es wird Ihnen viel leichter fallen, wenn Sie sich zuerst etwas umsehen und mit dem Arbeitsplatz, den Werkzeugen und Menüs vertraut machen, bevor Sie in die Welt der anspruchsvollen Bildbearbeitung einsteigen.

Zwar kommen bei jeder neuen Programmversion neue Funktionen hinzu, die meisten Grundwerkzeuge und -techniken in Photoshop gibt es jedoch bereits seit Jahren. Das wichtigste Upgrade – auf Photoshop 3.0, in dem Ebenen und schwebende Paletten eingeführt wurden – fand 1994 statt und die meisten Werkzeuge der in diesem Buch verwendeten Versionen – 7.0 und die Versionen der Creative Suite – funktionieren identisch, auch wenn sie vielleicht etwas anders aussehen oder ihnen die eine oder andere Feinheit der letzten Version fehlt.

Dieses Kapitel beschäftigt sich mit dem Arbeitsbereich, den Menüs, Werkzeugen und Bedienfeldern (Paletten). Viele Techniken und schrittweisen

Anleitungen weiter hinten in diesem Buch setzen gewisse Photoshop-Grundkenntnisse voraus, dass Sie also mit Menüs, Paletten, Schiebereglern und Vorschaubildern umgehen können und sich mit der Werkzeug- und der Optionsleiste auskennen. Wenn Sie kein völliger Computerneuling sind, sollte das machbar sein, falls Sie aber bisher nur ein paar E-Mails geschrieben und vielleicht einen Brief in Word getippt haben, bereiten Sie sich auf eine steile Lernkurve vor.

Nach dem Start wird es jedoch leichter; die Werkzeuge in Photoshop funktionieren recht konsistent und logisch und es sollte nicht zu lange dauern, bis Sie Ihre Fotos wie ein Profi transformieren.

Wichtig: Seit Photoshop CS3 ist das Programm in der Extended-Version mit anspruchsvollen 3D-, Video- und Analysewerkzeugen ausgestattet. Diese reichen jedoch über den Rahmen des Buches hinaus.

7

DER PHOTOSHOP-ARBEITSBEREICH

Die Bildschirmfotos in diesem Buch wurden mit der englischen Version von Photoshop CS3 auf Mac OS X aufgenommen. Die Version auf Ihrem Computer kann etwas anders aussehen, vor allem, wenn Sie mit Windows XP oder Vista arbeiten, im Grunde ist der Photoshop-Arbeitsbereich jedoch seit Version 7.0 ähnlich geblieben.

Er hat fünf Hauptbestandteile: das Dokumentfenster, die Werkzeugpalette, die Menüleiste, die Optionsleiste der Werkzeuge und eine Reihe von Bedienfeldern (Paletten). Ich werde mich im Verlauf des Buches immer wieder darauf beziehen, sehen Sie sich also zu Beginn im Arbeitsbereich Ihrer Photoshop-Version um.

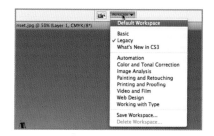

In allen Photoshop-Versionen können Sie in verschiedenen Arbeitsbereichen Palettenpositionen speichern. Bei neueren Versionen gibt es eingebaute Vorgaben.

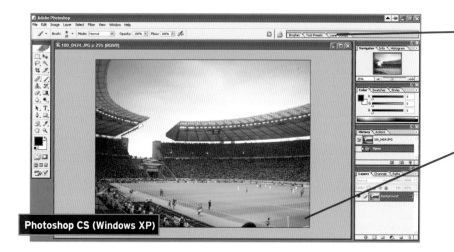

Photoshop CS (Windows XP)

Palettenbereich (7.0, CS, CS2)
Bereich in der Optionsleiste, wo Sie häufig verwendete Paletten ablegen können. Diese bleiben ausgeblendet, bis Sie darauf klicken.

Dokumentfenster

Paletten (auch Bedienfelder)
(schwebend oder angedockt)

Menüleiste

Werkzeug-Optionsleiste

Werkzeugpalette

Photoshop 7.0 (Mac OS X)

⊔ **Bis CS4 gab es bei der Mac-Version keinen »Programmrahmen« - die Fenster schweben alle frei und Sie sehen den Schreibtisch hinter dem Dokumentfenster.**

BILDMODI

Photoshop bietet drei verschiedene Bildschirmmodi. Drücken Sie F3, um sich hindurchzubewegen.

Der **Standard**-Bildschirmmodus ist die einzige Fensterversion, in der Sie in überlappenden Fenstern mehrere Bilder betrachten können.

Auf einem Windows-Computer sieht er etwas anders aus, denn Photoshop verwendet einen grauen Hintergrund, um den gesamten Bildschirm zu füllen.

Vollbild mit Menüleiste – sinnvoll bei der Arbeit an einem einzigen Bild. Unter Windows klicken Sie im Bildfenster auf den Maximieren-Button, um den verfügbaren Raum mit dem Bild zu füllen.

Vollbild entsorgt ebenfalls die Menüleiste, lässt nur die Werkzeuge und Bedienfelder eingeblendet (und die Optionsleiste, wenn sie aktiviert ist). Die Hintergrundfarbe wird schwarz.

In CS3 gibt es eine vierte Option: **Maximierter Bildmodus.** In diesem Modus füllt das Dokumentfenster den Platz zwischen den Bedienfeldern aus und passt sich an, wenn sich die Größe ändert. Scrollbalken sind eingeblendet.

Drücken Sie die Tab-Taste, um kurzzeitig alle offenen Werkzeuge und Bedienfelder auszublenden. Mit einem Rechtsklick in den Hintergrund können Sie dessen Farbe ändern.

PHOTOSHOP-MENÜS

Die Hauptmenüs von Photoshop sind überraschend einfach – weil so viel in Untermenüs und Bedienfeldern verborgen ist. Sie sind auch recht logisch – die meisten Sachen finden Sie dort, wo Sie sie erwarten. Wenn Sie die Menüs verwirren und Sie mit CS2 oder höher arbeiten, können Sie mit Bearbeiten>Menüs Einträge ausblenden, wenn Sie sie nicht brauchen, oder einfärben, um sie leichter zu finden. Alle Änderungen speichern Sie als

Adobe Photoshop

| File | Edit | Image | Layer | Select | Filter | View | Window | Help |

neuen Menüsatz oder als Teil eines eigenen Arbeitsbereichs (Fenster>Arbeitsbereich> Arbeitsbereich speichern).

Ebenen, Filter und Auswahl haben ihre eigenen Menüs, die Bildbearbeitungen (Farbton, Größe, Drehung, Freistellen) sind im Bild-Menü zusammengefasst. Das Bearbeiten-Menü beherbergt

ein Sammelsurium von Funktionen, die sonst nirgends hingepasst hätten, vom üblichen Kopieren, Einfügen, Ausschneiden über Ebenentransformationen bis hin zu Farbeinstellungen. (Die meisten Menüeinträge besitzen Tastenkürzel, die Sie im Bearbeiten-Menü anpassen können.)

PHOTOSHOP-BEDIENFELDER

Die Bedienfelder (Paletten) finden Sie im **Fenster**-Menü. Sie sind wichtiger Teil des Arbeitsbereichs und enthalten viele der nützlichsten und stärksten Werkzeuge. Bedienfelder können Informationen bieten (z.B. Histogramm und Info), die meisten sind jedoch interaktiv und enthalten Schieberegler, Buttons und andere Werkzeuge. Änderungen in einem Bedienfeld müssen Sie nicht bestätigen, bevor Sie etwas anderes tun. Alle besitzen ihre eigenen Bedienfeldmenüs/Palettenmenüs – klicken Sie dazu auf den kleinen Pfeil oben rechts. Die

meisten haben zusätzliche Optionen im Kontextmenü, auf das Sie per Rechtsklick zugreifen.

Paletten können gruppiert oder angedockt werden, und Sie können sie zusammenklappen, ohne sie zu schließen, um Platz zu sparen. Die Paletten heißen seit Photoshop CS3 Bedienfelder.

Sie finden alle Paletten im Fenster-Menü, manche besitzen eigene Tastenkürzel (die sich anpassen lassen).

Vor dem umfangreichen Redesign der Arbeitsoberfläche in CS3 befand sich ein Palettenbereich in der Optionsleiste der Werkzeuge. Ziehen Sie eine Palette dort hin, klicken Sie dann auf ihren Reiter, um die Palette einzublenden.

PALETTEN/BEDIENFELDER IN CS3 UND SPÄTER

Aus Platzgründen verwendet Photoshop CS3 Palettendocks und kleine Icons, so dass viele Paletten geöffnet bleiben können, ohne den Bildschirm zu verstopfen.

Einzelne Paletten/Bedienfelder bleiben angedockt, wenn man auf das Icon klickt, springen aber zu voller Größe auf, so dass Sie sie verwenden können.

Wenn Sie ein gesamtes Dock aufklappen, verschieben sich die Icons nach links, damit die aufgeklappten Paletten zu sehen sind. Mit Shift-Tab schalten Sie die Sichtbarkeit der Paletten um.

Sie können einzelne Paletten aus dem Bedienfeldbereich ziehen (auf den Namen klicken und ziehen), wenn Sie sie als frei schwebendes Fenster verwenden wollen.

Umgekehrt kann jede Palette zu einem Dock oder Bedienfeldbereich hinzugefügt werden; ziehen Sie sie in den Bereich, bis eine blaue Linie zu sehen ist (horizontal, um etwas hinzuzufügen, vertikal, um einen neuen Bereich zu erstellen).

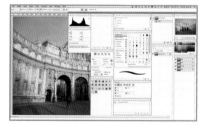

Hier sehen Sie alle Paletten und Bedienfelder aus dem ersten Bild aufgeklappt: Viel ist nicht mehr von dem Bild zu sehen, an dem ich gerade arbeite.

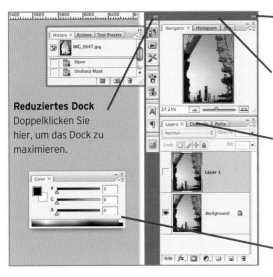

Reduziertes Dock
Doppelklicken Sie
hier, um das Dock zu
maximieren.

**Dock maximieren/
reduzieren**

Expandiertes Dock
Doppelklicken Sie
hier, um auf Icons zu
reduzieren.

**Bereich mit angedockten
Paletten** Doppelklicken Sie
auf einen Palettennamen, um
ihn zu minimieren.

Einzelne Palette
Offiziell jetzt als Bedienfeld
bezeichnet. Ich beschränke
mich hier auf die
Bezeichnung Palette.

▲ Paletten und Bedienfeld können
durch Doppelklick auf den Namen
minimiert werden.

Alle Paletten
haben
ausklappbare
Palettenmenüs.
Klicken Sie auf
den kleinen Pfeil
oben rechts in
der Palette, um
sie zu öffnen.

DIALOGBOXEN

Photoshop besitzt drei
grundlegende Dialogboxen (sie
erscheinen, wenn Sie einen Befehl
aus einem Menü wählen). Die
erste (wie Farbton/Sättigung)
besteht aus einem oder mehreren
Schiebereglern und bietet
gewöhnlich mehrere Optionen
und Checkboxen. Um die Wirkung
der Änderungen im Bild zu
sehen, schalten Sie die Vorschau-
Checkbox ein. Um Vorher und

Nachher zu vergleichen, schalten
Sie die Vorschau ein und aus.

Die meisten Effekt- und
Filterdialoge haben eigene
Vorschaufenster - auch hier
können Sie die Vorschau im Bild
einschalten (das dauert jedoch
bei komplexen Filtern meist
etwas). Wenn Sie die Alt (⌥)-Taste
gedrückt halten, wird Abbrechen
zu Zurücksetzen.

▲ Korrekturdialoge zeigen die
Vorschau direkt am Bild.

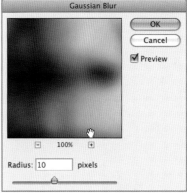

▲ Betrachten Sie die Vorschau von
Effekten und Filtern immer bei 100%.
Klicken Sie in die Vorschau in der
Dialogbox, um das Originalbild zu sehen.

◄ Bei manchen komplexen
Filtern sind die Dialogboxen sehr
umfangreich, die Vorschaubilder groß.

PHOTOSHOP-WERKZEUGE

Für einfache Farbkorrekturen und Filter brauchen Sie nur eine Handvoll Photoshop-Werkzeuge, vor allem Auswahl- und Malwerkzeuge, die es in dieser oder ähnlicher Form schon seit dem ersten Erscheinen des

Programms 1990 gibt. Zwar wurden die Werkzeuge seitdem verbessert, überraschend ist aber, wie sehr sich die Werkzeugpalette in den letzten zehn Jahren verändert hat. Unten sehen Sie die Werkzeugpalette aus Photoshop

CS3. Seit dieser Version kann die Werkzeugpalette auch ein vertikaler Streifen sein. Manche Werkzeuge werden in diesem Buch näher besprochen, andere nicht einmal erwähnt.

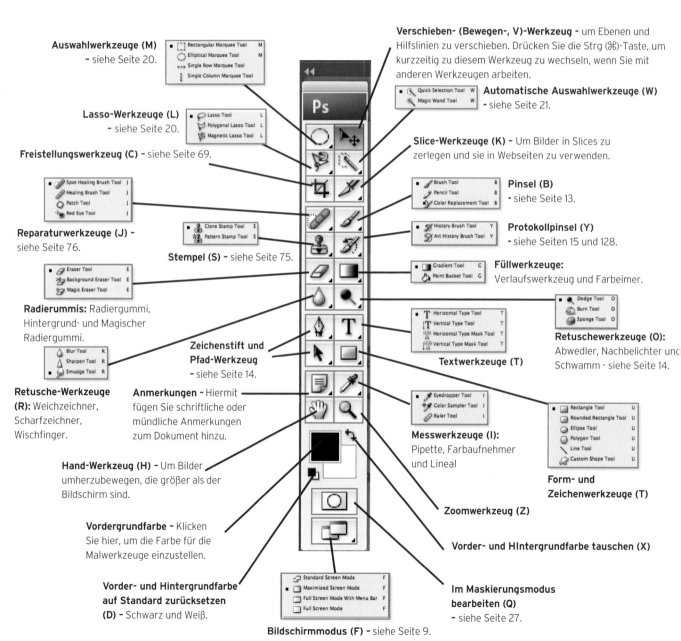

Auswahlwerkzeuge (M) - siehe Seite 20.

Lasso-Werkzeuge (L) - siehe Seite 20.

Freistellungswerkzeug (C) – siehe Seite 69.

Reparaturwerkzeuge (J) - siehe Seite 76.

Stempel (S) - siehe Seite 75.

Radierummis: Radiergummi, Hintergrund- und Magischer Radiergummi.

Retusche-Werkzeuge (R): Weichzeichner, Scharfzeichner, Wischfinger.

Zeichenstift und Pfad-Werkzeug - siehe Seite 14.

Anmerkungen - Hiermit fügen Sie schriftliche oder mündliche Anmerkungen zum Dokument hinzu.

Hand-Werkzeug (H) - Um Bilder umherzubewegen, die größer als der Bildschirm sind.

Vordergrundfarbe - Klicken Sie hier, um die Farbe für die Malwerkzeuge einzustellen.

Vorder- und Hintergrundfarbe auf Standard zurücksetzen (D) - Schwarz und Weiß.

Verschieben- (Bewegen-, V)-Werkzeug - um Ebenen und Hilfslinien zu verschieben. Drücken Sie die Strg (⌘)-Taste, um kurzzeitig zu diesem Werkzeug zu wechseln, wenn Sie mit anderen Werkzeugen arbeiten.

Automatische Auswahlwerkzeuge (W) - siehe Seite 21.

Slice-Werkzeuge (K) - Um Bilder in Slices zu zerlegen und sie in Webseiten zu verwenden.

Pinsel (B) - siehe Seite 13.

Protokollpinsel (Y) - siehe Seiten 15 und 128.

Füllwerkzeuge: Verlaufswerkzeug und Farbeimer.

Retuschewerkzeuge (O): Abwedler, Nachbelichter und Schwamm - siehe Seite 14.

Textwerkzeuge (T)

Messwerkzeuge (I): Pipette, Farbaufnehmer und Lineal

Form- und Zeichenwerkzeuge (T)

Zoomwerkzeug (Z)

Vorder- und Hintergrundfarbe tauschen (X)

Im Maskierungsmodus bearbeiten (Q) - siehe Seite 27.

Bildschirmmodus (F) - siehe Seite 9.

Die meisten Werkzeuge in der Palette haben mehrere Unterwerkzeuge – klicken und halten Sie mit der Maus darauf, um sie einzublenden. Sie können beim Klick auf ein Werkzeug auch die Alt/⌥-Taste (oder Shift) gedrückt halten, um durch die verschiedenen Optionen zu navigieren. Viele Werkzeuge funktionieren ähnlich und verhalten sich entsprechend. Sie können die Pinselgröße (Brush Size, Durchmesser in Pixel), die Deckkraft (Opacity) und die Härte (Hardness; je geringer, desto weicher ist der Pinsel) einstellen. Alle Werkzeuge haben eigene Optionen. Auf diese greifen Sie in der Optionsleiste zu, direkt unter der Menüleiste. Um dasselbe Werkzeug später mit denselben Einstellungen zu verwenden, speichern Sie Werkzeugvorgaben. Viele Werkzeuge erhalten Zusatzfunktionen, wenn Sie mit einem drucksensitiven Grafiktablett arbeiten. Das ist dann genial, wenn Sie mit dem Bleistift besser zeichnen können als mit der Maus.

EINFÜHRUNG IN DIE PINSEL

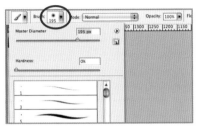

Die Grundeinstellungen sind für alle Malwerkzeuge gleich, Sie finden sie in der Optionsleiste. Hier finden Sie auch Vorgaben zum Ausprobieren.

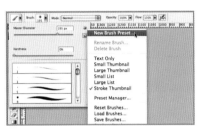

Im Ausklappmenü können Sie Pinselvorgaben (Brush Presets) speichern, laden und festlegen, wie sie angezeigt werden sollen.

Die **Pinselgröße** (Brush Size) definiert die Strichbreite in Pixel. Hier verwende ich einen breiten Pinsel mit geringer Härte (Hardness).

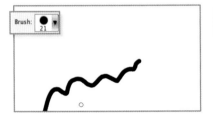

Die **Härte** (Hardness) legt fest, wie weich die Kanten eines Striches sind. Hier sehen Sie eine kleine Pinselgröße mit hohem Härtewert (100%).

Die **Deckkraft** (Opacity) legt fest, wie viel Farbe bei einem Strich aufgebracht wird. Mehrere Striche übereinander erhöhen die Deckkraft.

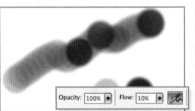
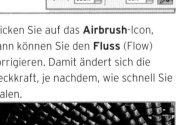

Klicken Sie auf das **Airbrush**-Icon, dann können Sie den **Fluss** (Flow) korrigieren. Damit ändert sich die Deckkraft, je nachdem, wie schnell Sie malen.

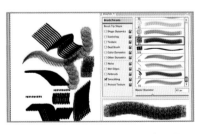

Die **Pinsel**-Palette (Fenster>Pinsel) enthält mehr Optionen für die Pinseldynamik – meist im Zusammenhang mit einem Grafiktablett.

Sie können eigene Pinsel erstellen, indem Sie einen Bereich aus einem Bild auswählen und Bearbeiten>Pinselvorgabe speichern wählen.

Das ist zum Beispiel praktisch, um einen eigenen Copyright-Pinsel zu erstellen, um mit einem Klick Wasserzeichen auf Ihren Fotos anzubringen.

Manche Werkzeuge werden Sie eher selten nutzen, zum Beispiel ist der Zeichenstift recht schwer zu bewältigen, wenn man sich nicht mit Grafikdesign auskennt und Weichzeichner und Scharfzeichner können nichts, was Sie nicht auch mit Ebenen und

Masken erreichen könnten. Aber einer der Vorteile von Photoshop ist, dass Sie auf vielen Wegen zum Ziel kommen und vielleicht setzen Sie ja Werkzeuge ein, die ich noch nie benutzt habe. Wenn Sie ein Werkzeug verwenden, sehen Sie sich die Optionen an, denn diese

beeinflussen die Funktionsweise des Werkzeugs deutlich. (Blenden Sie die Optionsleiste mit **Fenster>Optionen** ein.)

WEITERE NÜTZLICHE WERKZEUGE

Der **Nachbelichter** in der Optionsleiste dunkelt die Farben ab – Sie können den Effekt auf die Tiefen, Lichter oder Mitteltöne beschränken.

Der **Abwedler** tut das Gegenteil, er hellt die Farben auf. Benutzen Sie diese beiden Werkzeuge, um den Kontrast lokal zu korrigieren und Beleuchtungsprobleme zu beheben.

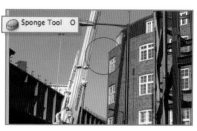

Der **Schwamm** ändert die Sättigung dort, wo Sie mit ihm malen (wählen Sie **Sättigung erhöhen** oder **Sättigung verringern** aus der Optionsleiste). Gut, um Sonnenbrand zu korrigieren.

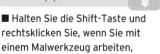

Kurze Tipps

■ Halten Sie die Shift-Taste und rechtsklicken Sie, wenn Sie mit einem Malwerkzeug arbeiten, um den Malmodus zu ändern. Ein Rechtsklick allein blendet die Pinselgröße- und Härte-Regler ein.

■ Drücken Sie Alt (⌥), wenn Sie mit den Mal- oder Füllwerkzeugen arbeiten, um temporär auf die Pipette zuzugreifen (um die Vordergrundfarbe zu wählen).

■ Drücken Sie (⌥) mit dem Abwedler, um kurz zum Nachbelichter zu wechseln (und umgekehrt). Beim Schwamm schaltet die (⌥)-Taste zwischen Sättigung entfernen bzw. erhöhen um, ebenso zwischen Weich- und Scharfzeichner.

■ Die Shift-Taste beschränkt Malwerkzeuge auf perfekt horizontale oder vertikale Striche (Auswahlrechtecke werden quadratisch).

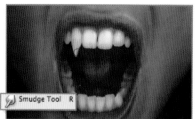

Der **Wischfinger** tut, was sein Name ahnen lässt: Er schiebt die Pixel umher, als wären sie feuchte Farbe. (Nützlich bei heiklen Überblendungen.)

Automatische Radiergummis gibt es einige – hier der **Magische Radiergummi**, eine Kombination aus Zauberstab und Löschtaste.

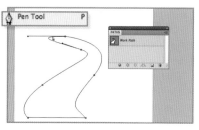

Der **Zeichenstift** wird verwendet, um auflösungsunabhängige **Pfade** zu erzeugen. Wenn Sie illustrieren, werden Ihnen Pfade besser liegen als Freihandzeichnungen.

Eine verbreitete Anwendung für den Zeichenstift ist, Auswahlen um ungewöhnlich geformte Objekte zu erstellen. Pfade können leicht in Auswahlen umgewandelt werden und umgekehrt.

DER EINSTIEG:
WERKZEUGE: PROTOKOLL

Ein starkes, vielseitiges und hochentwickeltes Werkzeug, um sich durch die Stadien Ihrer Arbeit zu bewegen.

Das Protokoll in Photoshop ist eine starke Funktion, die auf dem Konzept mehrfachen Widerrufens aufbaut und Ihnen so erlaubt, sich gezielt in der Zeit zurückzubewegen.

Immer, wenn Sie Ihr Bild verändern, erzeugt Photoshop ein Protokollobjekt bis zur maximalen Anzahl, die in den Voreinstellungen festgelegt ist (danach gehen die ältesten Einträge verloren). Sie können diese Objekte unterschiedlich verwenden. Zum einen zum mehrfachen Widerrufen; drücken Sie Strg-Alt-Z (⌘-⌥-Z), um die letzte Aktion rückgängig zu machen, Strg-Shift-Z (⌘-⇧-Z), um sich nach vorn zu bewegen. Sie können einzelne Objekte durch Klick in die Protokoll-Palette auswählen (**Fenster>Protokoll**). Hier können Sie ein Dokument auch zu bestimmten Zeiten einfrieren, indem Sie einen Schnappschuss speichern, um später jederzeit zu diesem Zustand zurückzukehren. Der Protokollpinsel malt mit einem bestimmten Zustand oder Schnappschuss.

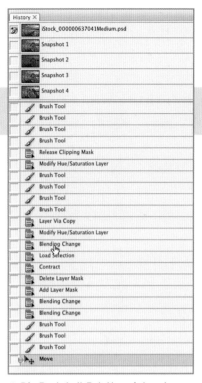

▲ **Die Protokoll-Palette zeigt mehrere Schnappschüsse und die letzten 23 Objekte.**

Kurze Tipps

■ Protokollobjekte werden nicht mit dem Bild gespeichert, wenn Sie es schließen. Legen Sie also neue Dokumente an, wenn Sie Ihre Arbeit in verschiedenen Stufen speichern wollen.

■ Um ein neues Dokument aus einem Objekt oder Schnappschuss zu erstellen, rechtsklicken Sie und wählen Sie **Neues Dokument** aus dem Kontextmenü.

■ **Nicht-lineare Protokolle** (eine der Optionen) sind flexibler, viele finden sie aber verwirrend. (Sie können damit zu einem früheren Zustand zurückkehren, das Dokument bearbeiten und dennoch die nachfolgenden Zustände in der Palette sehen.)

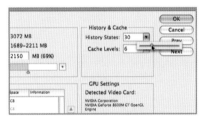

Die Anzahl der Protokollobjekte stellen Sie unter **Voreinstellungen** im Bereich **Leistung** ein. Je mehr Objekte Sie aufzeichnen, desto stärker wird der Arbeitsspeicher belastet.

Sie können beliebig oft neue **Schnappschüsse** erzeugen (aber nicht vergessen, jeder belegt Speicherplatz).

Bei jeder Bearbeitung am Dokument wird ein neues Protokollobjekt erzeugt (wenn Sie einen Arbeitsschritt rückgängig machen, wird er nicht aufgezeichnet).

Die Optionen der Protokoll-Palette sind einfach. Ist **Nicht-lineare Proto-kolle zulassen** nicht aktiv, werden alle vorherigen Objekte gelöscht, wenn Sie nach Auswahl eines vorherigen Protokollobjekts weiterarbeiten.

MIT DER PROTOKOLLFUNKTION ARBEITEN

Die Protokollfunktionen sind nicht nur dazu gedacht, Ihre Schritte nachzuvollziehen, wenn etwas schiefgeht; sie sind auch für coole kreative Effekte geeignet. Hier einige schnelle Grundlagen zum Protokoll.

Bevor Sie größere Bearbeitungen an Ihrem Bild vornehmen, erzeugen Sie einen neuen **Schnappschuss** mithilfe des Popup-Menüs der Protokoll-Palette.

Benennen Sie den Schnappschuss, wenn Sie möchten. Normalerweise erstellen Sie ihn vom gesamten Dokument.

Der neue Schnappschuss erscheint oben in der Protokoll-Palette. Nun können Sie das Bild bearbeiten (hier in Schwarzweiß umwandeln).

Sie können jederzeit zum vorherigen Zustand zurückkehren, indem Sie in der Palette darauf klicken. Neuere Objekte sind ausgegraut, aber wählbar.

Durch einen Klick in den kleinen Kasten neben dem Objekt wählen Sie es als **Quelle** für den Protokollpinsel aus.

Wählen Sie den **Protokollpinsel**, um mit dem Zustand zu malen, den Sie eben markiert haben.

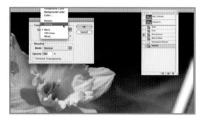

Der **Füllen**-Befehl (**Bearbeiten>Fläche füllen**) verfügt über die Option, eine Fläche mit der aktuell ausgewählten Protokollquelle zu füllen.

Hier habe ich eine rechteckige Auswahl angelegt, mit einer weichen Kante versehen und mit dem Protokoll gefüllt.

▲ Wenn Sie mit dem Protokollpinsel malen, können Sie die Quelle jederzeit ändern. Dadurch wird es einfacher, Fehler zu korrigieren, die beim Malen entstanden sind. Wählen Sie einfach den Zustand, bevor Sie mit dem Protokollpinsel begonnen haben, als Quelle.

Jedes Objekt und jeden Schnappschuss können Sie in ein neues Dokument umwandeln, indem Sie unten in der Protokoll-Palette auf das linke Icon klicken. Das Dokument muss jedoch gespeichert werden, wenn Sie es behalten wollen.

UNTERSCHIEDE IN DEN VERSIONEN

Abgesehen davon, dass jede Photoshop-Version eine Woge neuer Funktionen mit sich bringt, sind für die Funktionen und Techniken in diesem Buch viele Änderungen nur kosmetischer Natur. Fast alle Bildschirmfotos in diesem Buch stammen von CS3, bei dem die Bedienoberfläche recht deutlich überarbeitet wurde (in CS4 noch einmal, siehe Seite 18), die Versionen 7.0, CS und CS2 sind jedoch ziemlich ähnlich. Auf dieser Seite habe ich versucht, die wichtigsten Unterschiede aufzuführen, die für den Nicht-Profi interessant sind (und Werkzeuge betreffen, um die es in diesem Buch geht).

Neu in Photoshop CS
■ Camera Raw-Zusatzmodul (Seite 156)
■ Interaktive Histogramm-Palette
■ Tiefen/Lichter-Anpassung (Seite 53)
■ Tiefenschärfe abmildern (S. 104-105, 135)
■ Fotofilter (Seite 63)
■ Filtergalerie (Seite 126-127)
■ Tastaturbefehle anpassen (Seite 158)
■ Ebenenkomps (Seite 145)
■ Tonwertangleichung und Farbe-ersetzen-Werkzeug

Neu in Photoshop CS2
■ Bridge (Seite 153-155)
■ Selektiver Scharfzeichner (Seite 66)
■ Verkrümmen (Seite 141)
■ Ausbessern- und Rote-Augen-Werkzeug (Seiten 76 und 84)

■ Rauschen-reduzieren-Filter (Seite 86)
■ Smart Objekte (Seiten 36 und 81)
■ Mehrere Ebenen auswählen (Seite 144)
■ Objektivkorrektur (Seite 111)
■ Menüs anpassen (Seite 9)
■ Form weichzeichnen, Feld weichzeichnen, Matter machen

Neu in Photoshop CS3
■ Neue Oberfläche mit Docks (Seite 10)
■ Camera Raw 4 (Seite 156)
■ Neuer Gradationskurven-Dialog (Seite 54)
■ Smart Filter (Seite 67)
■ Schwarzweiß-Korrektur (Seite 97)
■ Ebenen-ausrichten-Werkzeug
■ Schnellauswahl-Werkzeug (Seite 21)
■ Kanten verfeinern (Seite 26)
■ Bridge 2.0 (Seite 154)

Neu in Photoshop CS4
■ Neuer Arbeitsbereich und Oberfläche (Seite 18)
■ Registerkarten-Dokumentfenster
■ Aktual., schnelleres Bridge (Seite 155)
■ Korrekturen-Bedienfeld (Seiten 18 und 46)
■ Masken-Bedienfeld (Seiten 18 und 42)
■ Umfangreiche Korrekturvorgaben
■ Dynamik-Korrektur (Seite 62)
■ Regler für Farbton/Sättigung, Gradationskurven und andere direkt im Bild (Seite 96)
■ Camera Raw 5.0 selektiver Bildbearbeitung (Seite 156)
■ Nachbelichter, Abwedler und Schwamm verbessert

Photoshop einrichten

Photoshop kann in vielerlei Hinsicht auf die Bedürfnisse des Anwenders zugeschnitten werden – vom Arbeitsbereich über die Tastenkürzel bis hin zu Menüs. Die Voreinstellungen (Bearbeiten>Voreinstellungen unter Windows, Photoshop>Voreinstellungen auf dem Mac) sind die Grundlagen, Sie lassen sie am besten bei ihren Standardeinstellungen.

Je nach verwendeter Programmversion besitzt der Voreinstellungen-Dialog bis zu zehn Seiten. Die einzigen, die Sie interessieren sollten, sind

Zeigerdarstellung (Cursor in voller Größe) sowie Maßeinheiten und Lineale (Pixel als Maßeinheiten), Zusatzmodule und Leistung (Arbeitsvolumes). Bei Letzteren können Sie eine beliebige an den Computer angeschlossene Festplatte als Arbeitsvolume festlegen, um temporäre Dateien auszulagern, während Sie arbeiten.

Ein großes, schnelles Arbeitsvolume (unabhängig von der Platte mit dem Betriebssystem, auf der Photoshop installiert ist) kann die Stabilität und Geschwindigkeit deutlich verbessern. Zusammen mit einigem RAW ist das die beste Möglichkeit, die Leistung von Photoshop zu verbessern.

Experimentieren Sie ruhig mit den umfangrechen Voreinstellungen. Schaden können Sie hier nicht anrichten.

PHOTOSHOP CS4: WAS IST NEU?

Als ich mit der Arbeit an diesem Buch begann, war Photoshop CS3 noch recht neu. Als ich es fertigstellte, war CS4 gerade angekündigt. In CS4 wurden die Änderungen in der Bedienoberfläche verfeinert (zum ersten Mal gibt es einen Programmrahmen für Mac-Anwender). Viele Änderungen im Arbeitsbereich sind kosmetischer Natur, andere (Registerkarten und App-Leiste) haben großen Einfluss darauf, wie wir mit dem Programm arbeiten. Im Inneren haben sich massive Veränderungen abgespielt, inkl. der 64-Bit-Verarbeitung (nur Windows) und verbesserten Grafikleistungen, wenn Sie die richtige GPU-Hardware haben, was u.a. zu nahtlosem Zoomen, Rotationen und schnellerem Scrollen führt. Es gibt auch einige neue Paletten: Das Korrekturen-Bedienfeld erzeugt Einstellungsebenen mit einem Klick und gestattet es, Korrekturen direkt im Bedienfeld zu ändern (statt einen Dialog benutzen zu müssen). Das Bedienfeld gewährt auch Zugriff auf umfangreiche Korrekturvorgaben, wodurch man leichter experimentieren kann.

In Photoshop CS4 wurde die Arbeitsoberfläche deutlich verfeinert. Neue Funktionen wie die App-Leiste (unter Windows in der Menüleiste), Dokumentfenster als Karteikarten und für Mac-Anwender der Anwendungsrahmen, der alles zusammehält, sollen die Arbeit erleichtern.

Das neue Masken-Bedienfeld lässt Masken nicht-destruktiv weichzeichnen (und deren Dichte reduzieren).

Was die Werkzeuge angeht, wurden Stempel und Reparaturwerkzeuge verbessert (die Kopierquelle kann jetzt einem Bereich zugewiesen werden, der noch mit dem Pinsel bearbeitet wird).

Abgesehen von der erhöhten Grafikleistung und der verbesserten Bedienoberfläche scheint CS4 vor allem klarzumachen, dass Menüs weniger wichtig werden und dem Anwender eine intuitive Bildbearbeitung mit Einstellungsebenen und Korrekturvorgaben ermöglicht wird.

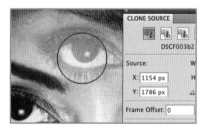

In Photoshop CS3 zeigte die Kopierüberlagerung das gesamte Bild, was recht verwirrend war.

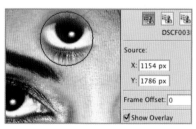

In CS4 können Sie die Überlagerung beschneiden, um genau zu sehen, was Sie malen. Sehr cool.

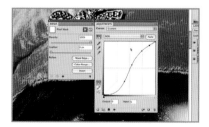

Die Korrekturen- und Masken-Bedienfelder sind die wichtigsten Verbesserungen für den Workflow.

KAPITEL 2

PHOTOSHOP-GRUNDLAGEN

MIT AUSWAHLEN ARBEITEN

Die Werkzeuge zum Erstellen und Verändern von Auswahlen umfassend zu beherrschen, ist der Schlüssel zu anspruchsvollen Photoshop-Techniken. Mit akkuraten Auswahlen können Sie überzeugende Montagen erstellen, Ihre Farbkorrekturen nahtlos ins Bild einblenden und Spezialeffekte erzeugen. Dieses Kapitel beleuchtet, was Auswahlen sind, was sie tun und wie Sie sie benutzen.

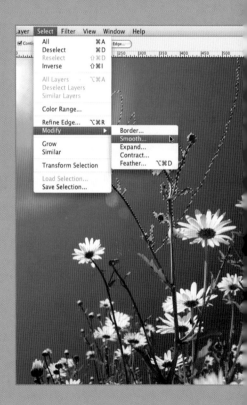

Wenn Sie Text in einem Dokument fett, kursiv, größer oder kleiner machen wollen, markieren Sie zuerst die Wörter, die Sie ändern wollen. Damit weiß das Textverarbeitungsprogramm, dass Sie nur den markierten Text bearbeiten wollen - sei es ein einziges Wort oder eine ganze Seite.

In Photoshop gilt dasselbe Prinzip, allerdings wählen Sie hier Pixelgruppen aus, keine Wörter, so dass Sie einen bestimmten Bereich der Arbeitsfläche isolieren, um ihn zu bearbeiten.

Photoshop bietet eine Reihe von Auswahlwerkzeugen an - die meisten gibt es in allen Verisonen (manche sogar von Anfang an), während andere, wie das Magnetische Lasso, erst vor Kurzem dazukamen. Im Laufe der Jahre hat die Zahl der verfügbaren Auswahlwerkzeuge ständig zugenommen und in den neuesten CS-Versionen haben Sie eine recht wilde Sammlung zur Auswahl.

Dieses Kapitel konzentriert sich auf die nützlichsten Werkzeuge, weitere interessante Tipps und Tricks zum Erstellen und Verändern von Auswahlen finden Sie im Verlauf des Kapitels und weiter hinten in den schrittweisen Projekten. Sie werden merken, dass die wirkliche Macht im Alter Ego der Auswahlwerkzeuge liegt - in den Masken. Die einfachsten Auswahlwerkzeuge zu beherrschen, ist also nur der Anfang.

PHOTOSHOP-GRUNDLAGEN:
AUSWAHL UND AUSWAHLWERKZEUGE

Was auch immer Sie in Photoshop anstellen wollen, irgendwann – meist gleich zu Beginn – müssen Sie etwas auswählen, also schauen wir uns die verschiedenen Optionen an.

Auswahlen isolieren Pixelgruppen - wenn Sie eine Auswahl angelegt haben, wirken sich alle zukünftigen Maßnahmen (z.B. Kopieren, Malen etc.) nur auf den ausgewählten Bereich aus. Um Masken soll es im nächsten Kapitel gehen, aber bereits jetzt sollten Sie wissen, dass sie im Prinzip ähnlich wirken. Sie sehen nur anders aus und werden anders bearbeitet. Eine Auswahl kann in eine Maske umgewandelt werden und umgekehrt. Im Unterschied zu einer Maske ist eine Auswahl nur temporär (sie geht verloren, wenn Sie die Datei schließen) -

▼ **Auf dem Bildschirm erkennt man eine Auswahl an »marschierenden Ameisen«.**

▼ **Jedes Werkzeug und jeder Effekt (hier der Pinsel) funktioniert fortan nur im ausgewählten Bereich.**

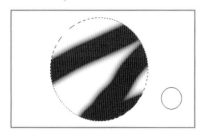

AUSWAHLWERKZEUGE

Die Auswahlwerkzeuge sind in der Werkzeugpalette an drei Stellen zusammengefasst. Zuerst die Auswahlwerkzeuge (Tastenkürzel M). Um einen perfekten Kreis oder ein Quadrat auszuwählen, halten Sie die Shift-Taste gedrückt, wenn Sie mit Auswahlrechteck oder Auswahlellipse ziehen.

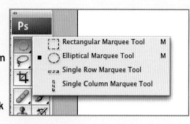

Dann folgen drei Lassos (Tastenkürzel L). Damit malen Sie eine Freihandauswahl (allerdings richtet sich das Magnetische Lasso an Kanten in der Nähe aus). Mit dem Polygonlasso ziehen Sie gerade Linien.

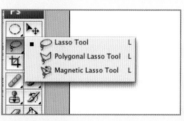

Schließlich der Zauberstab und das Schnellauswahlwerkzeug. Diese Werkzeuge treffen Auswahlen basierend auf der Farbe und können sehr hilfreich sein, wenn Sie schnell einen bestimmten Bildbereich automatisch auswählen wollen.

wenn Sie eine Auswahl speichern (Auswahl>Auswahl speichern...), legt Photoshop eine Maske an und legt sie als zusätzlichen Kanal ab.

In Photoshop gibt es drei Arten von Auswahlwerkzeugen (siehe oben), einfache, geometrische Formen (Rechtecke und Kreise), Freihandauswahlen (die Sie selbst zeichnen) und automatische Werkzeuge, die Pixelgruppen gleicher - oder

ähnlicher - Farbe/Helligkeit auswählen (Zauberstab und in CS3/4 Schnellauswahlwerkzeug). Auch mit dem Befehl Auswahl>Farbbereich können Sie eine Auswahl anlegen (damit wählen Sie Pixel einer bestimmten Farbe aus, die Toleranz bestimmen Sie selbst). Wie Sie später lesen werden, können Sie auch Auswahlen basierend auf der Transparenz einer bestimmten

AUTOMATISCHE AUSWAHLWERKZEUGE

Der Zauberstab und das Magnetische Lasso (und das Schnellauswahlwerkzeug) sollen Ihnen die Auswahl erleichtern. So funktionieren sie.

Das Grundprinzip des Zauberstabs ist einfach: Er wählt Pixel einer bestimmten Farbe aus. Die **Toleranz** legt dabei fest, welcher Farbbereich in die Auswahl eingebunden werden darf.

Ein Klick irgendwo in die Blumenform wählt den gesamten Bereich aus. In einem einfachen Fall wie diesem weicht die Farbe im gewünschten Bereich kaum oder nicht ab.

Das Magnetische Lasso ist ein Freihand-Auswahlwerkzeug, das Kanten aufspürt und sich automatisch daran ausrichtet. In den Optionen legen Sie fest, wie nah eine Kante am Cursor liegen (**Breite**) und wie stark der Kontrast an der Kante sein muss (**Kontrast**), um erkannt zu werden.

Das Schnellauswahlwerkzeug ist bisher das am meisten automatisierte Auswahlwerkzeug. Es funktioniert ähnlich wie der Zauberstab, wird jedoch wie ein Pinsel verwendet und beim Ziehen fügt es Bereiche zu einer Auswahl hinzu.

Ebene oder eines Kanals anlegen, und – wie ich bereits sagte – aus Masken.

Schließlich bietet Photoshop verschiedene Werkzeuge, um bereits bestehende Auswahlen zu verfeinern und zu bearbeiten bzw. um Auswahlen zu vergrößern, zu verkleinern.

Clever auswählen

Egal, ob Sie die automatischen Auswahlwerkzeuge verwenden oder nicht: Je öfter Sie mit Photoshop arbeiten, desto mehr lernen Sie, wie Sie genau und effizient auswählen. Zum Beispiel lässt sich ein komplexes Objekt am besten ausschneiden, indem man umgekehrt denkt; wählen Sie mit dem Zauberstab alles außer dem Objekt aus und kehren Sie die Auswahl dann um (Auswahl>Auswahl umkehren). Oder Sie kombinieren mehrere Werkzeuge, um etwas zur Auswahl hinzuzufügen (Shift-Taste) oder daraus zu entfernen (Alt/≈).

Es ist auch wichtig zu wissen, wie die Optionen für jedes Werkzeug funktionieren. Vor allem beim Zauberstab und beim Magnetischen Lasso, deren Einstellungen die Arbeitsweise deutlich verändern. Einige Optionen gibt es für alle

Zeichnen Sie mit dem Auswahlrechteck zuerst einen Kasten um das Objekt (den Mann).

Nehmen Sie nun den Zauberstab und halten Sie die Alt (≈)-Taste. Klicken Sie auf den Sand im Auswahlrechteck, um diese Pixel aus der Auswahl zu entfernen.

Auswahlmodus

Hinzufügen, ersetzen, entfernen
Sie können selbst festlegen, wie die Auswahlwerkzeuge funktionieren, wenn Sie bereits eine Auswahl haben. Es gibt drei Grundoptionen: **Neue Auswahl** (die neue ersetzt die bereits vorhandene), die Standardeinstellung. Die beiden anderen sind **Hinzufügen** und **Entfernen**, sie tun genau das, was ihre Namen bereits sagen: Die neue Auswahl wird entweder zur bestehenden hinzugefügt oder daraus entfernt.

Wenn Sie beim Auswählen die Shift-Taste gedrückt halten, fügen Sie etwas zur Auswahl hinzu, wenn Sie Alt (⌥) drücken, entfernen Sie etwas aus der Auswahl. Der Modus kann jedoch auch über die Symbole in der Optionsleiste gewählt werden. Die Option Schnittmenge lässt nur die Stelen übrig, wo sich zwei Auswahlen überlagern.

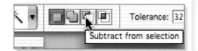

Auswahlwerkzeuge; die Glätten-Option bleibt meist eingeschaltet (ansonsten erhalten Sie stufige Auswahlkanten mit Kurven oder diagonalen Linien).

Ebenso bleibt die Weiche Kante meist bei 0. Damit erhalten Sie eine weiche Auswahlkante. Die meisten Anwender wenden die weiche Auswahlkante lieber in einem getrennten Schritt an (Auswahl>Weiche Auswahlkante oder Auswahl>Verändern>Weiche Kante...) - siehe Seite 24 -, weil es beim Auswählen keine Vorschau gibt, und wenn Sie später feststellen, dass Sie zu viel oder zu wenig eingestellt hatten, müssen Sie völlig neu beginnen. Das Schnellauswahlwerkzeug hat nur eine Option, Automatisch verbessern, die versucht, die Auswahlkanten selbstständig aufzubessern.

Auswahl transformieren

Nur selten gelingt der erste Versuch einer Auswahl gleich beim ersten Versuch. Zum Glück gibt es viele Möglichkeiten,

Auswahlen zu verbessern und zu verfeinern. Vorher sollten Sie jedoch wissen, dass Sie eine Auswahl transformieren können, also skalieren, ausdehnen, verzerren, spiegeln und drehen. Wählen Sie einfach Auswahl>Auswahl transformieren und ziehen Sie an den Griffen um die Auswahlkante.

Wie bei den Transformieren-Werkzeugen von Photoshop erscheint bei einem Rechtsklick auf die Griffe ein Optionsmenü wie in der Abbildung.

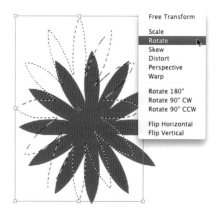

ZAUBERSTAB-TOLERANZ

Werfen Sie einen Blick auf diese beiden Abbildungen, um den Begriff Toleranz zu verstehen. Mit einer niedrigen Toleranz werden nur die Pixel ausgewählt, die der geklickten Farbe fast gleich sind.

Eine höhere Toleranz spannt den Bogen weiter und wählt Pixel mit größeren Farbabweichungen aus. Die Balance ist wichtig, am besten experimentieren Sie etwas, um die gewünschte Auswahl zu erzielen.

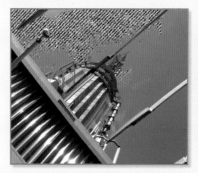
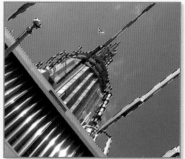

ZAUBERSTAB-OPTIONEN

Wie alle Auswahlwerkzeuge verfügt der Zauberstab über Optionen, die seine Funktionsweise beeinflussen. Am wichtigsten ist die Toleranz. Sie bestimmt, wie groß der Farbbereich ist, der in die Auswahl mit aufgenommen wird. Eine niedrige Toleranz wählt nur sehr ähnliche Pixel aus, während höhere Werte farblich auch unterschiedlichere Pixel auswählen.

Toleranz (Tolerance)

Photoshop lässt Toleranzwerte von 0-255 zu. Bei 0 werden nur exakt gleichfarbige Pixel ausgewählt, bei 255 das gesamte Bild. Ein guter Ausgangspunkt ist ein Wert zwischen 16 und 40.

Benachbart (Contiguous)

Wenn diese Option aktiv ist, werden nur nebeneinander liegende Pixel ausgewählt (unter Beachtung der Toleranz) - ist sie nicht aktiv, können die Pixel im gesamten Bild verteilt sein.

Alle Ebenen aufnehmen (Sample/ Use All Layers)

Deaktivieren Sie diese Option, wenn Sie den Effekt des Zauberstabs nur auf die aktuelle Ebene beschränken wollen. Ansonsten werden Pixel aus allen Bildebenen verwendet.

DAS MAGNETISCHE LASSO Magnetic Lasso Tool L

Dieses Werkzeug soll die Kanten finden und wenn Sie eine Auswahl zeichnen, fügt es unterwegs Ankerpunkte zur Auswahl hinzu. Sehr nützlich, wenn man es einmal beherrscht.

Klicken Sie ins Bild, um den ersten Ankerpunkt zu setzen. Zeichnen Sie jetzt mit dem Cursor.

Wenn Sie zum Anfang zurückkehren, ändert sich der Cursor und der letzte Klick schließt die Auswahl.

Folgen Sie der Kante, die Sie auswählen wollen, so genau wie möglich. Das Magnetische Lasso erzeugt unterwegs Ankerpunkte (oder Sie erzeugen selbst welche, indem Sie klicken).

Das Magnetische Lasso hat drei Hauptoptionen: **Breite** (Width: wie weit sucht es nach Kanten); wenn Sie eine ruhige Hand haben, reicht ein kleiner Wert, **Kontrast** (wie stark sich zwei Bereiche unterscheiden müssen, um als Kante erkannt zu werden) und **Frequenz** (Frequency: wie oft werden Ankerpunkte hinzugefügt). Den letzten Ankerpunkt löschen Sie mit der Löschtaste.

Top-Tipp

Aufnahmebereich

Nur wenige wissen, dass die Pipette eng mit dem Zauberstab verbunden ist. Wenn man das weiß, kann man jedoch die Funktionsweise des Zauberstabs ausweiten.

Aktivieren Sie zuerst den Zauberstab (Taste I).

Ändern Sie jetzt den Wert für den Aufnahmebereich in der Optionsleiste. Die Standardeinstellung ist 1 Pixel. Bei dieser Einstellung verhält sich der Zauberstab normal.

Ändern Sie den Wert in 3x3 Pixel Durchschnitt oder 5x5 Pixel Durchschnitt und kehren Sie zum Zauberstab zurück (W). Er verhält sich jetzt in verrauschten Bereichen oder Bereichen mit leicht abweichenden Farbtönen toleranter. Normalerweise verwendet der Zauberstab nämlich die Farbe eines einzigen Pixels, die Toleranz legt fest, wie ähnlich die benachbarten Pixel sein müssen, um in die Auswahl aufgenommen zu werden. Indem Sie den Aufnahmebereich vergrößern, definieren Sie mit dem ersten Klick bereits einen Durchschnitt von 9 bzw. 25 Pixeln.

Auswahlen verändern

Welches Werkzeug Sie auch immer verwenden, vermutlich müssen Sie die Auswahl hinterher immer verfeinern, vor allem bei Montagen oder wenn sonst pixelgenaues Arbeiten nötig ist. Photoshop bietet einige Werkzeuge zum Verfeinern im Auswahl-Menü (rechts). Alles auswählen und Auswahl aufheben müssen nicht erläutert werden, ebenso wenig Erneut auswählen (stellt die letzte Auswahl wieder her) und Auswahl umkehren (wählt alles aus, was vorher nicht ausgewählt war und umgekehrt). Farbbereich…, Kante verbessern… (seit CS3) und Auswahl ändern

werden später genauer besprochen (siehe S. 25-27), bleiben also nur Auswahl vergrößern und Ähnliches auswählen. Beide verwenden die aktuellen Zauberstabeinstellungen, um die Auswahl basierend auf Farb- und Tonwerten der Pixel in der aktuellen Auswahl zu erweitern. Auswahl vergrößern wählt alle benachbarten Pixel ähnlicher Farbe aus, Ähnliches auswählen wählt alle Pixel im gesamten Bild mit ähnlicher Farbe aus. Diese Befehle können Sie beliebig oft einsetzen, um schrittweise Ihre gewünschte Auswahl anzulegen.

Werfen wir nun einen genaueren Blick auf einige der anderen Auswahloptionen.

Select	
All	⌘A
Deselect	⌘D
Reselect	⇧⌘D
Inverse	⇧⌘I
All Layers	⌥⌘A
Deselect Layers	
Similar Layers	
Color Range…	
Refine Edge…	⌥⌘R
Modify ▶	Border…
	Smooth…
Grow	Expand…
Similar	Contract…
	Feather… ⌥⇧
Transform Selection	
Load Selection…	
Save Selection…	

WEICHE AUSWAHLKANTE

Hier sehen Sie eine mit dem **Polygonlasso** gezeichnete, sehr grobe Auswahl um den Helikopter.

Im **Maskierungsmodus** (siehe Seite 27) sehen Sie die Auswahl als farbige Überlagerung, die harte Kante ist also besser erkennbar.

Wenn Sie die Pixel kopieren und in ein neues Bild einfügen, ist die Kante deutlich erkennbar; dafür sorgt die harte Auswahlkante.

Wir beginnen mit derselben Auswahl, wählen jetzt aber Auswahl>Auswahl verändern>Weiche Kante… und geben einen **Radius** von 30 Pixel ein.

Im Maskierungsmodus sieht die Maske jetzt ganz anders aus. Wie groß und weich die Kante wird, hängt vom eingegebenen Radius ab.

Wenn Sie die Auswahl jetzt in ein neues Bild einfügen, ist der Übergang deutlich schwerer zu erkennen. Für gute Montagen muss es nicht immer eine komplexe Auswahl sein.

GLÄTTEN

Automatische Auswahlwerkzeuge wie der Zauberstab können oft recht unsaubere Auswahlen erstellen. Mit der Glätten-Option stopfen Sie die Löcher.

Hier sehen Sie eine Auswahl mit dem **Zauberstab** - die Kombination aus Bildrauschen und der Struktur der Straße hinterlässt viele Löcher in der Auswahl.

Zurück zur Originalauswahl, wählen Sie Auswahl>Auswahl verändern>Abrunden... und geben Sie einen **Radius** von 2 oder 3 Pixel ein.

Das ist besser zu erkennen, wenn die ausgewählten Pixel gelöscht werden. Ein Durcheinander von übrig gebliebenen Punkten und Flecken.

Wenn Sie jetzt die ausgewählten Pixel löschen, bleiben keine Löcher zurück - und ausgefranste Kanten sind glatt.

AUSWAHL ERWEITERN UND VERKLEINERN

Standardmäßig wählt der Zauberstab bis zum Rand aus. Bei unscharfen Kanten kann das jedoch zu unschönen Ergebnissen führen.

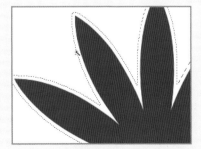

Mit Auswahl>Auswahl verändern>Erweitern... erweitern Sie die Auswahl um beliebig viele Pixel.

Die Option Verkleinern... - Nützlich, um weiße Ränder wie hier zu entfernen - schrumpft die Auswahl um die angegebenen Pixel.

AUSWAHL SPEICHERN

Wenn Sie hart an einer Auswahl gearbeitet haben, lohnt es sich, sie zu speichern. Wählen Sie Auswahl>Auswahl speichern und benennen Sie sie.

In der Kanäle-Palette (Fenster>Kanäle) sehen Sie einen neuen Kanal für die gespeicherte Auswahl.

Sie greifen jederzeit auf die Auswahl zurück, indem Sie Auswahl>Auswahl laden... wählen. Sie können auch Auswahlen aus anderen geöffneten Dokumenten laden.

Kante verbessern (CS3+)

Seit Photoshop CS3 gibt es eine neue Möglichkeit, die Kanten zu verfeinern. Wählen Sie Auswahl>Kante verbessern oder klicken Sie auf den Button in der Optionsleiste, um eine neue Dialogbox mit Reglern für die verschiedenen Einstellungen zu öffnen.

Der Radius bestimmt die Größe der Fläche um die Auswahlgrenze, an der die Kante verbessert wird. Kontrast schärft ausgefranste Kanten und Abrunden, Weiche Kante und Erweitern/Verkleinern funktionieren wie die entsprechenden Befehle. Der Unterschied hier ist, dass Sie alle kombinieren und den Effekt vorher anschauen können.

Mit den fünf Vorschau-Icons legen Sie fest, wie Sie die Änderungen anschauen wollen.

Drücken Sie F, um sich durch die Vorschauoptionen zu bewegen bzw. X, um die Vorschau zu deaktivieren und das gesamte Bild zu sehen.

AUSWAHL NACH FARBBEREICH

Auswahl>Farbbereich... ist nützlich, wenn Sie nur Pixel einer bestimmten Farbe auswählen wollen.

Klicken Sie in der Dialogbox auf die Farbe, die Sie auswählen wollen. Der **Toleranz**-Regler legt fest, wie groß der ausgewählte Farbbereich sein soll.

Klicken Sie auf OK. Nun können Sie die Farbe aller ausgewählten Pixel in Sekunden ändern (hier mit Farbton/ Sättigung, siehe S. 60/61).

Maskierungsmodus

Der Maskierungsmodus ist eines der besten Auswahlwerkzeuge in Photoshop. Für den fortgeschrittenen Anwender ist er zweifellos die beste Möglichkeit, eine Auswahl zu verbessern. In der zweiten Hälfte des Buches verwende ich ihn fast in jedem zweiten Projekt, Anfänger trauen sich jedoch nur selten heran.

Die Idee dahinter ist einfach: Auswahlen und Masken sind im Grunde dasselbe – wenn Sie eine Auswahl anlegen, wird alles außerhalb der Auswahl maskiert. Im Maskierungsmodus sehen Sie Auswahlen als Masken – und können sie auch bearbeiten. Das heißt, Sie können den gesamten Fundus an Pinseln, Filtern und Farbkorrektur-Werkzeugen einsetzen, was bei einfachen Auswahlwerkzeugen unmöglich ist.

Weil Sie die Maske (als rote Farbüberlagerung) sehen können, ist es auch einfacher, mit halbdurchsichtigen (teilweisen)

Im Maskierungsmodus können Sie eine Auswahl mit Pinseln verfeinern.

Auswahlen im Maskierungsmodus zu arbeiten, z.B. weichen Kanten, während bei einer normalen Auswahl nur px über 50% in der Auswahlkante zu sehen sind, die anderen erscheinen außerhalb der Auswahlkante (das heißt nicht, dass sie nicht ausgewählt sind, verwirrend ist nur, dass sie nicht in der Auswahlkante zu sehen sind).

Um eine Auswahl im Maskierungsmodus zu bearbeiten, drücken Sie einfach die Taste Q. Die Maskenüberlagerung erscheint sofort.

Maskierungstipps

■ Die farbigen Bereiche einer Maske zeigen (standardmäßig) die Bereiche außerhalb der Auswahl an, sind also maskiert.

■ Um eine umgekehrte Maske aus einer Auswahl zu erstellen, halten Sie die Alt (⌥)-Taste, wenn Sie in der Werkzeugpalette auf das Icon für den Maskierungsmodus klicken.

■ Sie müssen nicht mit einer Auswahl beginnen; wechseln Sie direkt in den Maskierungsmodus und malen Sie. Schwarze Farbe fügt etwas zur Auswahl hinzu, weiße entfernt etwas daraus. Grau erzeugt teilweise ausgewählte Bereiche.

■ Jedes Werkzeug, das Sie auf ein Bild anwenden können, können Sie auch bei einer Maske einsetzen; ein Weichzeichnungsfilter erzeugt bei einer Maske zum Beispiel weiche Kanteneffekte.

■ Gewöhnen Sie sich an, bei komplexen Auswahlen hin und wieder die Taste Q zu drücken, um die Auswahl besser überprüfen zu können.

AUSWAHLEN IM MASKIERUNGSMODUS VERBESSERN

Beginnen Sie mit einer Auswahl - hier habe ich die Taube mit dem **Magnetischen Lasso** umrissen.

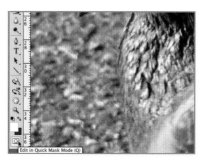

Wechseln Sie in den **Maskierungsmodus**, indem Sie die Taste Q drücken oder in der Werkzeugpalette auf das Icon klicken.

Sie sehen jetzt die Maske. Die roten Bereiche befinden sich außerhalb der Auswahl, das Innere der Auswahl ist sichtbar.

Sie können jetzt mit einem normalen Pinsel auf die Maske malen. Schwarz fügt etwas zur Maske (zum roten Bereich) hinzu, Weiß entfernt etwas daraus (erweitert die Auswahl).

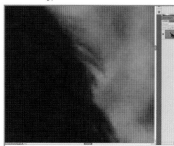

Mit einer sehr kleinen Pinselspitze können Sie pixelgenau auswählen. Mit der Taste X schalten Sie zwischen Schwarz und Weiß als Malfarbe um.

Wenn Sie fertig sind, drücken Sie wieder die Taste Q, um zur Standardauswahl zurückzukehren. Sie können im Maskierungsmodus auch völlig neue Auswahlen erstellen.

Maskenoptionen

Mit einem Doppelklick auf das Icon für den Maskierungsmodus unten in der Werkzeugpalette können Sie einige Optionen bearbeiten. Zum einen die Maskierungsfarbe und deren Deckkraft, zum anderen, ob der Farbüberzug die ausgewählten oder die nicht ausgewählten Bereiche darstellen soll. Letzteres ist der Standard, aber vielleicht möchten Sie es lieber umstellen. In diesem Buch verwenden wir den Maskierungsmodus standardgemäß.

Standardmäßig ist die Farbüberlagerung in den maskierten Bereichen rot (also außerhalb der Auswahl). Die sichtbaren Bereiche befinden sich in der Auswahl. Sie können diese Option jedoch ändern (siehe links). Wenn Sie die Maske fertig bearbeitet haben, kehren Sie mit der Taste Q zur normalen Auswahl zurück.

Im Verlauf dieses Buches stellen wir verschiedene Anwendungsmöglichkeiten für den Maskierungsmodus vor. Machen Sie sich jetzt vorerst einmal mit Masken vertraut und spielen Sie etwas damit herum - Sie werden sich bald fragen, wie Sie jemals ohne Masken ausgekommen sind.

Auswahlen und Masken

Masken sind gut geeignet, um pixelgenaue Auswahlen zu treffen, wie normale Auswahlen sind sie jedoch nur temporär. Um Masken aber für komplexere Arbeiten effizient einzusetzen, müssen Sie sich mit Ebenenmasken auskennen, um die wir uns gleich kümmern werden.

KAPITEL 3
PHOTOSHOP-GRUNDLAGEN

EBENEN UND MASKEN

Da Sie sich jetzt mit Auswahlen auskennen und den Maskierungsmodus ausprobiert haben, wird es Zeit für den Ernst der Bildbearbeitung in Photoshop. Ebenen und Masken sind der Schlüssel zur nicht-destruktiven Bearbeitung und bilden die Grundlage für alles Folgende.

Vor der Zeit der Ebenen waren alle digitalen Bilder flach – wenn Sie ein Element aus einem anderen Bild eingefügt haben, ersetzten die neuen Pixel die darunter liegenden. Wollten Sie später zurückkehren und die Komposition noch einmal ändern, war das unmöglich. Mit Ebenen ist es möglich, ein Bild in – wie schon gesagt – Ebenen aufzubauen, von denen jede für sich bearbeitet werden kann.

Jede Ebene kann eine Kombination aus deckenden, transparenten oder halbtransparenten Pixeln enthalten. Deckende Pixel verdecken den Inhalt darunter liegender Ebenen, während halbtransparente oder transparente Pixel die Ebenen darunter durchscheinen lassen.

Dieses Kapitel betrachtet zuerst die Grundlagen im Umgang mit Ebenen – wie man sie erstellt, bearbeitet und wie man ihre Interaktion mit anderen Ebenen im Bildstapel beeinflusst.

Dann geht es weiter mit Ebenenmasken – damit können Sie Teile einer Ebene ausblenden, ohne die Pixel zu entfernen – der Schlüssel zu nicht-destruktiver Bildbearbeitung.

Den Umgang mit Ebenen zu beherrschen, ist nicht nur notwendig, um digitale Bilder effektvoll zu bearbeiten – es ist das Wichtigste, was Sie dafür lernen müssen.

PHOTOSHOP-GRUNDLAGEN:
EINFÜHRUNG IN EBENEN

Ebenen gehören zu den stärksten und vielseitigsten Werkzeugen in der digitalen Dunkelkammer. Dieses Kapitel zeigt, wie sie funktionieren und wie man sie einsetzt.

Eine einzige Photoshop-Datei kann zwischen einer und vielen Tausend Ebenen enthalten (allerdings vergrößert jede die Datei, also würde man nie mit so vielen Ebenen arbeiten). Ebenen können größer oder kleiner als die Arbeitsfläche sein, sie können die Reihenfolge ändern, indem Sie sie in der Ebenen-Palette nach oben oder unten ziehen.

Wenn Sie eine Person sorgfältig mit einer Schere aus einem Foto ausschneiden und sie auf ein anderes legen - zum Beispiel eine nette Landschaft -, wissen Sie, dass der Bereich unter der ausgeschnittenen Person nicht verschwunden, sondern nur verdeckt ist. Dennoch war es genau das, was bei Montagen in Bildbearbeitungsprogrammen passierte, bevor Ebenen erfunden wurden.

Wenn man einen Teil eines Bildes ausschnitt und in ein anderes Bild einfügte, ersetzte der neue Teil die ursprünglichen Pixel. Wenn Sie das eingefügte Element später bewegen wollten, ging das nicht mehr. Daher war die digitale Montage ein eher schmerzhafter Prozess - Sie hatten nur eine Chance, ein Element korrekt zu platzieren und wenn Ihnen die Komposition nicht gefiel, mussten Sie von vorn beginnen. Ebenen änderten das vollkommen. Nun bleibt nicht nur jedes Element in einer Montage unabhängig auf seiner eigenen Ebene, man konnte Ebenen nach Wunsch bewegen, ihre Größe ändern und mit verschiedenen Ebenenmodi experimentieren. Zwar sind Bildmontagen der beliebteste Einsatzort für Ebenen, aber es geht noch viel weiter. Weil Sie alle Bereiche eines Bildes in eine

▼ **Jede Ebene kann transparente Bereiche enthalten. Photoshop zeigt transparente Bereiche, unter denen im Ebenenstapel nichts liegt, als Schachbrettmuster.**

neue Ebene duplizieren können, können Sie mit verschiedenen Farbkorrekturen experimentieren, ohne sich auf eine Änderung festzulegen oder das Bild dauerhaft zu verändern, bevor Sie dazu bereit sind. In Photoshop konzentriert sich die gesamte Arbeit mit den Ebenen auf die Ebenen-Palette (Fenster>Ebenen oder F7). Hier blenden Sie

einzelne Ebenen ein oder aus, ändern die Füllmethode, sortieren die Ebenen neu, gruppieren sie, löschen sie, ändern ihre Deckkraft, fügen Ebenenmasken hinzu und vieles mehr. Mehr über die Ebenen-Palette erfahren Sie auf Seite 35 - für den Moment sollten Sie in der Lage sein, sie zu finden und immer auf dem Bildschirm zu haben.

Kurzer Tipp

Sichtbarkeit
Wenn Sie mit Bildern in Ebenen arbeiten, hilft es, zeitweise eine oder mehrere Ebenen auszublenden, um besser zu sehen, was Sie tun. In Photoshop blenden Sie eine Ebene aus, indem Sie auf das Augen-Icon vor der Ebene in der Ebenen-Palette klicken.

ARBEIT MIT EBENEN — GRUNDLAGEN

Ebenen werden vor allem über die Ebenen-Palette gesteuert. Hier können Sie die Ebenen sortieren, ihre Deckkraft ändern, sie kurzzeitig ausblenden und mit den Füllmethoden festlegen, wie Ebenen gefüllt werden sollen. Am besten experimentieren Sie etwas damit - es ist weniger komplex, als Sie denken.

Die Ebenen-Palette zeigt die Stapelreihenfolge der Ebenen. Sie können jede Ebene an eine neue Position im Stapel ziehen (nur die Hintergrundebene muss dazu umgewandelt werden).

Sie können die **Deckkraft** jeder Ebene ändern - und sie schrittweise transparenter machen. Das beeinflusst nicht die Pixel einer Ebene, sondern nur deren Erscheinungsbild.

Ebenen können transformiert, gedreht, verzerrt, in der Größe geändert und dupliziert werden. Die meisten Regler finden Sie im Menü Bearbeiten>Transformieren.

Da Ebenen unabhängig voneinander bearbeitet werden können, können Sie Bereiche löschen, ohne die anderen Ebenen zu ändern.

Ebenen lassen sich gruppieren, um gleichzeitig bewegt oder transformiert zu werden. Sie können auch zwei oder mehr Ebenen in eine reduzieren.

Photoshop bietet viele **Füllmethoden** (Ebenenmodi) an, die bestimmen, wie Ebenen interagieren (siehe Seite 32).

FÜLLMETHODEN/EBENENMODI

Füllmethoden bzw. Ebenenmodi steuern, wie die Farben und Tonwerte einer Ebene mit denen darunter interagieren. Sie sind in fünf Gruppen unterteilt.

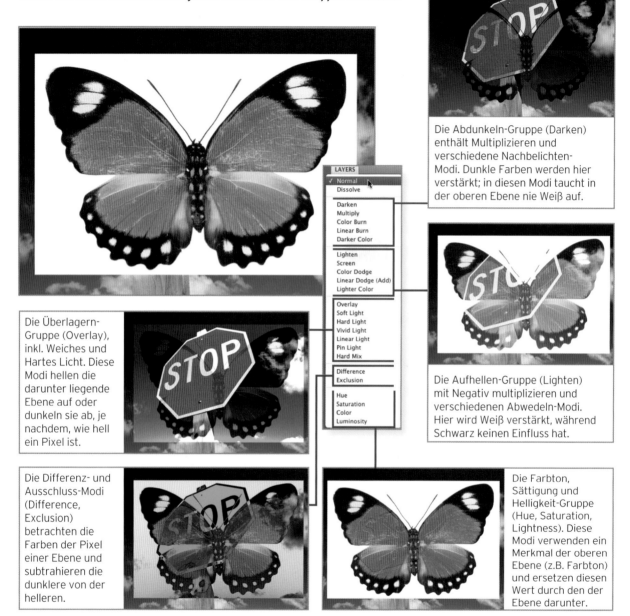

Die Abdunkeln-Gruppe (Darken) enthält Multiplizieren und verschiedene Nachbelichten-Modi. Dunkle Farben werden hier verstärkt; in diesen Modi taucht in der oberen Ebene nie Weiß auf.

Die Überlagern-Gruppe (Overlay), inkl. Weiches und Hartes Licht. Diese Modi hellen die darunter liegende Ebene auf oder dunkeln sie ab, je nachdem, wie hell ein Pixel ist.

Die Aufhellen-Gruppe (Lighten) mit Negativ multiplizieren und verschiedenen Abwedeln-Modi. Hier wird Weiß verstärkt, während Schwarz keinen Einfluss hat.

Die Differenz- und Ausschluss-Modi (Difference, Exclusion) betrachten die Farben der Pixel einer Ebene und subtrahieren die dunklere von der helleren.

Die Farbton, Sättigung und Helligkeit-Gruppe (Hue, Saturation, Lightness). Diese Modi verwenden ein Merkmal der oberen Ebene (z.B. Farbton) und ersetzen diesen Wert durch den der Ebene darunter.

LAYERS
Normal
Dissolve
Darken
Multiply
Color Burn
Linear Burn
Darker Color
Lighten
Screen
Color Dodge
Linear Dodge (Add)
Lighter Color
Overlay
Soft Light
Hard Light
Vivid Light
Linear Light
Pin Light
Hard Mix
Difference
Exclusion
Hue
Saturation
Color
Luminosity

Füllmethoden

In jeder Photoshop-Version gibt es mindestens eine neue Füllmethode. Die meisten Anwender verzichten eher darauf, wenn sie nicht gerade auf der Suche nach einem Spezialeffekt sind. Füllmethoden ändern die Art und Weise, wie sich die Farben einer Ebene mit denen der Ebene(n) darunter mischen. Am besten experimentieren Sie damit. Wir setzen Füllmethoden später für einige Effekte ein, außerdem, um zu beeinflussen, wie sich zwei Kopien eines Bildes aufeinander auswirken (siehe Seiten 43 und 116).

EBENENSTILE

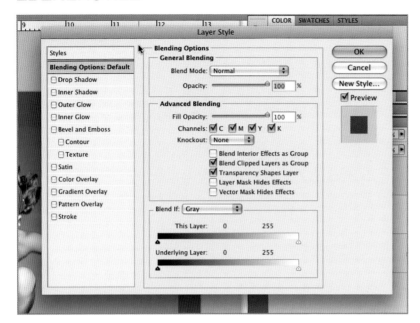

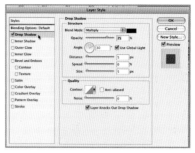

▲ Hier sehen Sie das Ebenenstile-Bedienfeld für einen Schlagschatten (Drop Shadow). Es gibt Optionen für Größe, Position und Deckkraft des Schattens und Sie können die Änderungen in der Vorschau betrachten.

▲ Viele Effekte – wie der Schlagschatten – funktionieren nur bei Ebenen mit transparenten Bereichen. Sie können Ebenenstile nicht auf die Hintergrundebene eines Bildes ohne weitere Ebenen anwenden – zuerst muss der Hintergrund durch Doppelklick in die Ebenen-Palette in eine bearbeitbare Ebene umgewandelt werden.

Ebenenstile sind Spezialeffekte, die nicht-destuktiv auf eine Ebene angewendet werden (Sie können den Stil also jederzeit wieder entfernen oder ändern). Die Ebenenstile-Dialogbox öffnen Sie mit einem Doppelklick auf die Miniatur der Ebene in der Palette oder indem Sie einen Effekt aus dem kleinen Popup-Menü unten in der Palette wählen. Die Dialogbox ist voller Effekte (alle mit eigenen Optionen) und eigenen Füllmethoden für die Ebene (siehe Seite 34).

Zu den Effekten gehören Schlagschatten, Beleuchtungseffekte und Überlagerungen. Sie können alle möglichen Effekte kombinieren und für die Zukunft als neuen Stil speichern. Zwar sind viele Effekte für den Einsatz mit Fotos zu grafisch, andere sind jedoch für Montagen und Collagen wichtig.

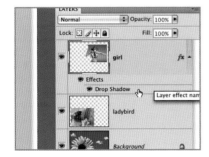

Ebenenstile erscheinen in der Ebenen-Palette. Von hier aus können sie ausgeblendet oder gelöscht werden. Doppelklicken Sie auf den Effekt, um die Einstellungen zu bearbeiten.

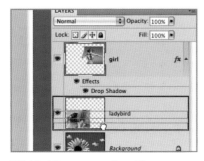

Effekte können von einer Ebene zu einer anderen kopiert werden oder – wie hier – von einer Ebene zu einer anderen gezogen werden.

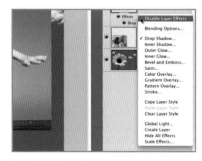

Rechtsklicken Sie auf einen Ebenenstil in der Ebenen-Palette, um ein Kontextmenü mit Optionen zu erhalten.

EBENEN-FÜLLOPTIONEN

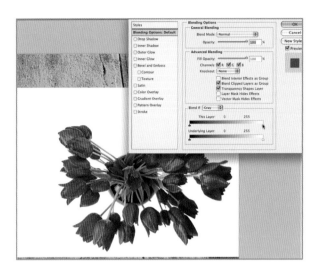

▲ Die Regler im Fülloptionen-Dialog steuern, wie sich die Pixel jeder Ebene basierend auf ihrer Helligkeit mit den anderen vermischen.

Wenn Sie den Rechtspfeil am Regler Diese Ebene nach links ziehen, verschwinden die hellsten Pixel aus der Ebene – stellen Sie ihn richtig ein und der weiße Hintergrund ist verschwunden.

▲ Mit der Alt (⌥)-Taste teilen Sie den Regler und erzeugen einen Farbübergang über einen gewissen Bereich statt einen harten Bruch.

Wenn Sie die linken Regler langsam nach rechts ziehen, werden die dunklen Pixel schrittweise ausgeblendet. Das ist nützlich, um einen schwarzen Hintergrund aus einer Ebene zu entfernen.

Fülloptionen

Wir haben bereits mehrere Möglichkeiten kennengelernt, wie Ebenen mithilfe von Deckkraft und Füllmethoden interagieren. In der Ebenenstile-Dialogbox gibt es eine weitere Option – die Fülloptionen. Hier legen Sie fest, wie sich die Ebene mit der darunter vermischt. Mit den Reglern in der Fülloptionen-Dialogbox steuern Sie, welche Pixel von der aktiven und der darunter liegenden Ebene im fertigen Bild erscheinen. Zum Beispiel können Sie dunkle Pixel aus der aktiven Ebene entfernen, um helle Pixel aus der (den) darunter liegenden Ebene(n) durchscheinen zu lassen. Das kann bei Montagen wie oben hilfreich sein, wo der weiße Hintergrund der oberen Ebene entfernt werden muss. Die Füllpixel sind die, die im Bild erhalten beiben, die anderen

DIE EBENEN-PALETTE

Zwar sind im Laufe der Jahre einige Funktionen hinzugekommen, die Grundstruktur der Ebenen-Palette hat sich jedoch in den letzten Versionen nicht verändert. Wenn Sie an einem komplexen Bild arbeiten, kann die Ebenen-Palette ziemlich unübersichtlich werden – vielleicht hilft Ihnen diese Einführung, den Überblick zu behalten.

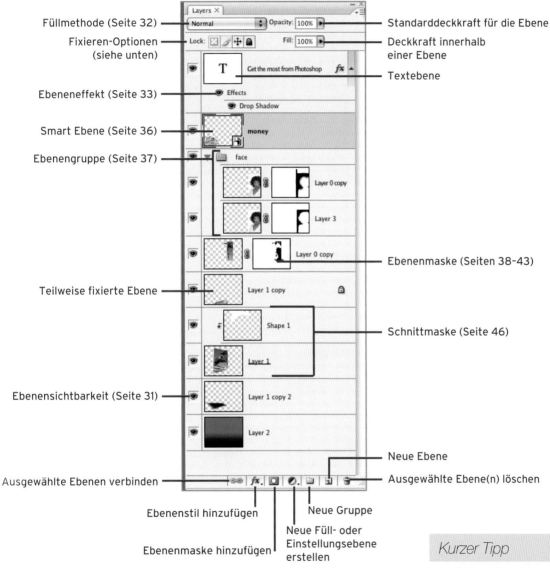

Füllmethode (Seite 32) — Standarddeckkraft für die Ebene

Fixieren-Optionen (siehe unten) — Deckkraft innerhalb einer Ebene

Textebene

Ebeneneffekt (Seite 33)

Smart Ebene (Seite 36)

Ebenengruppe (Seite 37)

Ebenenmaske (Seiten 38-43)

Teilweise fixierte Ebene

Schnittmaske (Seite 46)

Ebenensichtbarkeit (Seite 31)

Neue Ebene

Ausgewählte Ebenen verbinden — Ausgewählte Ebene(n) löschen

Ebenenstil hinzufügen

Neue Gruppe

Ebenenmaske hinzufügen

Neue Füll- oder Einstellungsebene erstellen

werden entfernt. Sie können auch einen Bereich teilweise gefüllter Pixel definieren, um einen sanften Übergang zwischen den Bereichen zu erzielen. Halten Sie dazu die Alt (⌥)-Taste gedrückt, wenn Sie den Regler ziehen, um ihn zu teilen. Mit dieser Methode können

Aufnahmen von Licht, vom Mond oder von Wolken innerhalb von Sekunden über die Szene gelegt werden, indem Sie die Farbtöne sorgfältig steuern, die gefüllt oder nicht gefüllt werden. Ein weiteres Beispiel dazu finden Sie auf Seite 132.

Beispiel dazu finden Sie auf Seite 132.

Kurzer Tipp

Fixieren-Optionen

In Photoshop können Sie die transparenten Pixel, Bildpixel und Ebenenpositionen unabhängig voneinander fixieren (oder alles zusammen). Wenn die transparenten Pixel fixiert sind, können Sie auf einer ausgestanzten Ebene arbeiten, ohne über den Rand zu malen.

EBENEN-MENÜS

Eigentlich hat die Ebenen-Palette alles, was Sie brauchen, aber im Ebenen-Menü finden Sie noch mehr dazu – ebenso im Palettenmenü der Ebenen-Palette.

Das Ebenen-Menü (hier in CS4, die wichtigen Einträge haben sich jedoch nicht geändert). Die wichtigsten Einträge sind dieselben wie in der Ebenen-Palette (oder der Optionsleiste), aber es ist schon praktisch, alle an einem Ort zu haben.

Klicken Sie auf den kleinen schwarzen Pfeil oben rechts in der Ecke, dann erscheint das Palettenmenü der Ebenen-Palette. Viele Befehle sind dieselben wie im Ebenen-Menü oder in den Buttons unten in der Ebenen-Palette.

Ebenen-Tastenkürzel

Neue leere Ebene	Ebenen gruppieren	Ebene nach oben
Ctrl ⇧ – N / ⌘ ⇧ – N	Ctrl – G / ⌘ – G	Ctrl ⇧ – Ä / ⌘ ⇧ – Ä
Neue Ebene durch Kopie	**Neue Ebene durch Ausschneiden**	**Ebene nach unten**
Ctrl – J / ⌘ – J	Ctrl ⇧ – J / ⌘ ⇧ – J	Ctrl – # / ⌘ – #

Ebenen-Tipps

■ Die automatische Auswahlfunktion von Ebenen ist bei Dokumenten mit mehreren Ebenen meist eher Fluch als Segen. Um sie kurzzeitig zu aktivieren (so dass die Ebene unter dem Cursor beim Klicken ausgewählt wird), halten Sie die Strg (⌘)-Taste mit dem Verschieben-Werkzeug.

■ Wenn Sie viele Ebenen transformieren (für komplexe Montagen), schalten Sie die Option Transformationssteuerungen in der Optionsleiste des Verschieben-Werkzeugs ein, dann erscheint jede Ebene mit Griffen zum Dehnen, Verzerren und Drehen, ohne dass Sie Menüs brauchen.

Smart-Ebenen (CS2+)

Photoshop CS2 führte Smart Objekte ein, und obwohl manche der Funktionen nur für Grafikdesigner interessant sein dürften, gibt es auch Aspekte, die für die tägliche Bildbearbeitung nützlich sein können – vor allem bei Fotomontagen. Wenn Sie eine pixelbasierte Ebene in ein Smart Objekt umwandeln, merkt sich Photoshop alle Originaldaten in dieser Ebene, Sie können sie also verlustfrei so oft transformieren, wie Sie wollen (wenn Sie normalerweise eine Ebene nach unten skalieren, verlieren Sie Informationen, die Sie nicht wiederbekommen, wenn Sie wieder hochskalieren). Sie können auch mehrere Kopien von Smart Objekten anlegen

und alle aktualisieren lassen, wenn Sie das Original verändern (dennoch können Sie Ebenenstile und Einstellungsebenen auf die einzelnen Ebenen anwenden). Am nützlichsten sind die Smart Filter. Wenn Sie sonst einen Filter anwenden, zum Beispiel einen Rauschfilter, ist der Effekt für die Ebene irreversibel (außer, Sie widerrufen ihn). Ein Smart-Filter funktioniert wie eine Einstellungsebene, wobei der Filtereffekt von der Ebene losgelöst bleibt, so dass Sie ihn später ändern, anpassen, entfernen, die Deckkraft korrigieren oder maskieren können, damit er die Ebene nur teilweise betrifft.

EBENEN ORGANISIEREN

Wenn Sie mit mehreren Ebenen arbeiten, kann es etwas kompliziert werden. Zum Glück bietet Photoshop mehrere Möglichkeiten, die Ebenen-Palette zu zähmen und Ihre Arbeit zu ordnen.

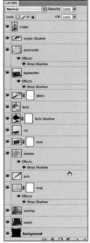

Das Leben wird einfacher: Sobald Sie mit mehreren Ebenen in einem Bild arbeiten, wird es schwer, wenn nicht unmöglich, jedes Element in der Ebenen-Palette zu erkennen, vor allem, wenn Sie mit kleinen Miniaturen arbeiten müssen. Einfacher wird es, wenn Sie die Ebenen gleich beim Anlegen bzw. Importieren sofort sinnvoll benennen.

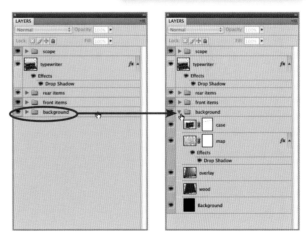

Außer Ebenen zu verbinden (um sie gemeinsam zu bewegen oder transformieren), können Sie sie auch in Ebenen-Sets oder Gruppen zusammenfassen. Eine Ebenengruppe funktioniert wie ein Ordner. Sie können Gruppen farbkodieren, eine Füllmethode einsetzen und die Deckkraft für die Gruppe ändern.

In Gruppen organisiert wird eine komplexe Montage viel einfacher zu bewältigen. Die einzelnen Ebenen in einer Gruppe sind da und können einzeln bearbeitet werden oder Sie behandeln die gesamte Gruppe als eins. Damit vereinfachen die Gruppen die Ebenen-Palette nicht nur, die gesamte Arbeit mit Ebenendokumenten wird leichter.

PHOTOSHOP-GRUNDLAGEN:
EBENENMASKEN

Mit Ebenenmasken können Sie mit Effekten experimentieren und montieren, ohne Pixel zu verändern.

In einer nicht fixierten Ebene können transparente Bereiche einfach erzeugt werden, indem Sie Pixel löschen. Das Problem dabei, Pixel permanent aus einer Ebene zu entfernen, ist, dass die gelöschten Pixel später nicht wiederhergestellt werden können. Das ist vor allem dann ärgerlich, wenn Sie feststellen, dass Ihre Bearbeitungen nicht perfekt waren und etwas korrigieren wollen; so können Sie nur völlig neu beginnen oder mit dem

Problem leben. Dagegen helfen Ebenenmasken. Wir haben Masken bereits beim Maskierungsmodus kurz erwähnt, das Prinzip hinter einer Ebenenmaske ist identisch. Ebenenmasken sind Graustufenkanäle, die Bereiche einer Ebene aufdecken oder ausblenden. Visuell ist das Ergebnis dasselbe, da Sie die Ebene aber nur ausblenden und die Pixel nicht löschen, können Sie sie jederzeit zurückholen.

Das Prinzip der Ebenenmasken ist einfach: Die deckenden Bereiche der Maske verdecken Teile der Ebene. Die Maske selbst kann unabhängig von der Ebene bearbeitet werden.

Hintergrundebene

Ebene   Ebenenmaske   Effekt der
Ebenenmaske

DESTRUKTIVES BEARBEITEN

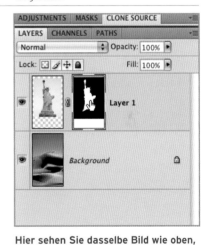

Wenn Sie einen Bereich einer Ebene auswählen und die Löschtaste drücken, können Sie einen transparenten Bereich auf der Ebene erstellen – und die Ebenen darunter sehen.

Ich trieb die Idee noch weiter, wählte den Hintergrund mit dem Zauberstab aus und löschte den gesamten Hintergrund aus der oberen Ebene.

Bei näherem Hinsehen ist erkennbar, dass ich etwas zu weit gegangen bin: Ich hatte Teile der Ebene gelöscht, die ich eigentlich erhalten wollte. Keine Chance, ich musste von vorn beginnen.

Mit Ebenenmasken (oder ähnlichen Funktionen wie Einstellungsebenen oder Smart Filtern) schneiden Sie sich nicht den Rückweg ab und lassen sich nur auf Änderungen am Originalbild ein, wenn Sie unbedingt müssen. Diese sogenannte nicht-destruktive Bearbeitung ist der Schlüssel zu effizientem Arbeiten in Photoshop; Sie sparen nicht nur Stunden an Arbeit, wenn Sie einen Fehler machen; Sie können auch leichter experimentieren, was für eine erfolgreiche Bildbearbeitung wichtig ist.

So funktionieren Masken

Technisch gesehen ist eine Ebenenmaske ein 8-Bit-Graustufenkanal in Kombination mit einer speziellen Ebene, die die Deckkraft (oder Transparenz)jedes einzelnen Pixels der Ebene festlegt (denn für jedes Pixel in der Ebene gibt es eine Entsprechung in der Maske).

Maskenpixel können Werte zwischen 0 (Schwarz) und 255 (Weiß) haben; schwarze Pixel in der Maske vergeben transparente Pixel in der Ebene, weiße Maskenpixel sorgen für deckende Ebenenpixel. Maskenbereiche mit anderen Werten (also alle Grauschattierungen) erzeugen halbtransparente Pixel auf der Ebene.

Da eine Ebenenmaske – wie die Maske auf den Seiten 27–28 – ein Graustufenbild ist, können Sie alle Werkzeuge, Effekte und Filter direkt auf die Maske anwenden. Zum Beispiel könnten Sie einen Schwarzweiß-Verlauf einsetzen, um eine Ebene sanft in eine andere zu überblenden.

Hier sehen Sie dasselbe Bild wie oben, dieses Mal wurde der Hintergrund der oberen Ebene jedoch nur maskiert, nicht gelöscht. Nicht-destruktive Bearbeitung.

EINSTIEG IN EBENENMASKEN

Die einfachste Variante, die Funktionsweise von Ebenenmasken zu verstehen, ist, sie zu erzeugen und zu bearbeiten. Das geht so:

Beginnen Sie mit einem einfachen Dokument mit zwei Ebenen (siehe Seite 37 zur Kombination von verschiedenen Bildern in einem Dokument mit mehreren Ebenen).

Aktivieren Sie die obere Ebene, wählen Sie Ebene> Ebenenmaske> Alle einblenden. Dies ist nur eine der vielen Möglichkeiten, eine Maske hinzuzufügen.

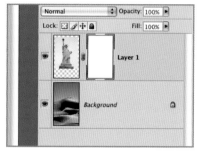

In der Ebenen-Palette sehen Sie eine neue Miniatur neben der Ebene. Das ist die Maske, die zurzeit ganz weiß ist, also ist die gesamte Ebene zu sehen, nichts ausgeblendet.

Klicken Sie auf die Miniatur der Ebenenmaske, um sie direkt zu bearbeiten. Hier verwende ich einen großen schwarzen Pinsel, um Teile der Ebene transparent zu machen.

Hier habe ich einen Weiß-Schwarz-Verlauf von oben nach unten auf der Maske eingesetzt. Während die Maske dunkler wird, blendet sie die Ebene stärker aus.

Masken sind für Montagen wichtig. Hier habe ich die Maske verwendet, um alle Hintergrundbereiche der oberen Ebene transparent zu machen.

Das müssen Sie sich merken: Weiße Pixel auf der Maske machen Ebenenpixel deckend, verwenden Sie also Weiß, um mehr von der Ebene zu zeigen.

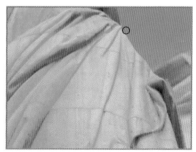

Schwarze Pixel auf der Maske machen Ebenenpixel transparent; mit Schwarz blenden Sie Bereiche der Ebene aus.

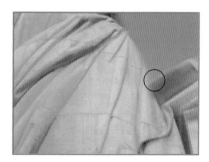

Ein großer, weicher Pixel erzeugt einen sanften Übergang zwischen deckenden und transparenten Bereichen. Mit grauer Farbe erzeugen Sie halbtransparente Ebenenpixel.

Der Vorteil von Masken

Alle Beispiele bisher enthielten einfache Fotomontagen – die Kombination von einem oder mehreren Bildern in einem. Masken sind dabei äußerst wertvoll, denn sie bieten eine Flexibilität, die mit einfachem Ausschneiden (unerwünschte Bereiche löschen) nicht möglich ist, aber wie Sie in diesem Buch merken werden, helfen Masken bei fast jeder Bearbeitung in Photoshop.

Ein gutes Beispiel sind selektive Korrekturen, wenn Sie eine Farbkorrektur nur auf einen bestimmten Bildbereich anwenden – z.B. den Himmel abdunkeln wollen, ohne die Helligkeit im Vordergrund zu verändern.

Am einfachsten wäre es, den Himmel auszuwählen, bevor Sie die Helligkeit ändern, aber das wäre destruktiv. Die Pixel würden permanent verändert und später

gibt es kein Zurück, wenn Sie Ihre Meinung ändern. Viel besser wäre es, die Ebene zu kopieren und die Kopie zu bearbeiten. Sie können eine Ebenenmaske verwenden, um die Bereiche zu definieren, die bearbeitet werden sollen. Der Vorteil dabei ist, dass die Auswahl im ersten Schritt nicht »das letzte Wort« in dieser Richtung ist (die Maske kann bearbeitet werden). Mit Masken können Sie auch zurückkehren und den Effekt selbst ändern. In unserem Beispiel könnten Sie also später den Himmel nachdunkeln, wenn er Ihnen zu hell erscheint. Wenn Sie die Pixel nicht permanent verändert haben, lässt sich der Effekt sehr leicht bearbeiten, ohne von vorn beginnen zu müssen.

Wir setzen Ebenenmasken in den schrittweisen Anleitungen häufig ein (ab Seite 72), es lohnt sich also, etwas damit herumzuspielen und sich an den Umgang damit zu gewöhnen.

(ab Seite 72)

Masken-Tipps

Masken deaktivieren
Shift-klicken Sie auf die Miniatur einer Maske, um sie temporär zu deaktivieren.

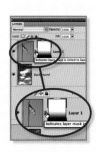

Masken-Menü
Rechts-klicken Sie auf die Miniatur der Maske für ein nützliches Kontextmenü.

Verbindung aufheben
Masken sind normalerweise mit ihrer Ebene verbunden, Sie können jedoch die Verbindung aufheben und beide separat bewegen.

MASKEN AUS AUSWAHLEN

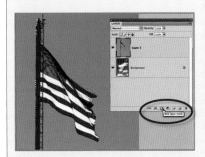

Erstellen Sie eine Auswahl und klicken Sie auf das Icon Ebenenmaske hinzufügen unten in der Ebenen-Palette (oder wählen Sie die Option aus dem Ebene-Menü). Standardmäßig blendet die Maske die Auswahl aus.

Halten Sie die (⌥)-Taste gedrückt, wenn Sie auf das Icon Ebenenmaske hinzufügen klicken (oder Ebene>Ebenenmaske>Auswahl einblenden), um das Gegenteil zu tun: alles, außer der Auswahl ausblenden.

Sie können auch eine Maske in eine Auswahl umwandeln, wählen Sie dazu Auswahl>Auswahl laden.... Oder Sie halten die Strg (⌘)-Taste und klicken auf die Miniatur der Ebenenmaske.

EBENENMASKEN, UM EFFEKTE ZU BEGRENZEN

**Masken sind nicht nur geeignet, um mehrere Bilder zu einem zu kombinieren; damit lassen sich
Effekte auch auf bestimmte Bereiche beschränken, ohne dabei die Pixel zu verändern.**

Indem Sie die Hintergrundebene
eines Bildes duplizieren, können
Sie Filter, Farbänderungen etc. auf
eine der Ebenen anwenden und eine
Maske einsetzen, um den Effekt auf
bestimmte Bereiche zu beschränken.

Hier wende ich einen starken radialen
Weichzeichner (**Filter>Weichzeich-
nungsfilter>Radialer Weichzeichner**)
auf die obere, duplizierte Ebene an,
das könnte allerdings jeder Filter oder
jede Farbveränderung sein.

Der Effekt ist beeindruckend, er
macht jedoch das Gesicht des
Models vollkommen unkenntlich, was
natürlich nicht im Sinne des Bildes ist.

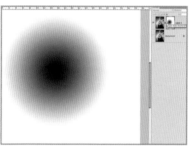

Mit einer Ebenenmaske können Sie
mit einem großen, weichen Pinsel
im Gesicht malen und so diesen
unscharfen Bereich ausblenden.

Hier sehen Sie die Maske - eigentlich
ganz einfach. Die dunklen Bereiche
maskieren die Ebene.

Hier das Ergebnis der Maske in der
oberen Ebene (ich habe hier die
Hintergrundebene ausgeblendet, die
natürlich unverändert ist).

Tastenkürzel	
Masken als farbiger Überzug	`<`
Standard-Vorder- und Hintergrundfarben	`D`
Maske allein anschauen/bearbeiten	`alt` + *Klick auf Miniatur*
Maske als Auswahl laden	`Ctrl` + *Klick auf* `⌘` *Miniatur*
Maske kurzzeitig deaktivieren	`⇧` + *Klick auf Miniatur*

Masken verfeinern

Die Ebenenmasken-Werkzeuge
sind ziemlich unverändert
geblieben, in CS4 gibt es jedoch
eine nützliche neue Palette,
um die Kanten der Maske zu
bearbeiten (weichzeichnen oder
Dichte reduzieren). Auch das
Kante-verbessern-Werkzeug aus
CS3 können Sie hier einsetzen.
Für ältere Versionen finden Sie
Tipps und Tricks weiter hinten in
diesem Buch.

▲ Die neue Masken-Palette in
Photoshop CS4.

AUSPROBIEREN: EBENEN-SANDWICHES

Eine schnelle Möglichkeit, ein Bild zu transformieren, ist, ein Duplikat der Hintergrundebene mit den Füllmethoden zu verwenden. Mit einer Ebenenmaske können Sie den Effekt auch auf einen bestimmten Bereich beschränken.

Duplizieren Sie zuerst die Hintergrundebene (am besten mit Strg-J (⌘-J).

Experimentieren Sie mit den verschiedenen Füllmethoden (siehe Seite 32). Die Abdunkeln-Methoden (hier Farbig nachbelichten) erhöhen den Kontrast.

Die Aufhellen-Methoden (hier Farbig abwedeln) hellen das Bild auf und erzeugen helle, kontrastreiche Ergebnisse.

Der Modus Hart mischen erzeugt fast comicartige Ergebnisse mit stark übertriebenen Farben.

Hier wurde Lebendiges Licht mit einer Maske um das Gesicht herum eingesetzt, so kann festgelegt werden, wo der Effekt wie stark wirkt.

Der Schlüssel bei dieser Technik ist das Experimentieren und sich die Einstellungen zu merken, die das gewünschte Ergebnis erzielen. Diese Sandwich-Technik kommt in einigen schrittweisen Anleitungen weiter hinten in diesem Buch zum Einsatz.

PHOTOSHOP-GRUNDLAGEN:
EINSTELLUNGSEBENEN

Eines der nützlichsten Werkzeuge in Photoshop gibt Ihnen die Möglichkeit, Farbe und Kontrast im Bild einzustellen, ohne Pixel permanent zu ändern.

Eben ging es darum, mit Ebenenduplikaten Farbänderungen ins Bild zu bringen, ohne die Originalpixel zu verändern, mehr dazu in Kapitel 5 (S. 71-92). Photoshop bietet jedoch eine noch elegantere Möglichkeit, Änderungen selektiv in bestimmten Bereichen anzubringen, nämlich Einstellungsebenen. Das sind besondere Ebenen, welche eine Farbanpassung (Tonwertkorrektur, Gradationskurven etc.) sowie eine Ebenenmaske enthalten, die festlegt, wo das Bild verändert wird.

Einstellungsebenen haben zwei Vorteile: Sie können Dinge überarbeiten und Einstellungen im Nachgang ändern (oder löschen) und Sie können die betroffenen Bereiche erweitern oder beschränken, indem Sie auf der Ebenenmaske malen. Je nach verwendeter Photoshop-Version können Sie eine Einstellungsebene mit den folgenden Anpassungen verwenden: Tonwertkorrektur, Gradationskurven, Farbbalance, Helligkeit/Kontrast, Schwarzweiß, Selektive Farbkorrektur,

Kanalmixer, Verlaufsumsetzung, Fotofilter, Belichtung, Umkehren, Schwellenwert und Tontrennung. Alle Einstellungsebenen erscheinen standardmäßig mit Ebenenmaske (obwohl Sie die Maske löschen können, wenn Sie sie nicht brauchen) und die Maske wird genauso bearbeitet wie alle anderen Masken auch (siehe Seite 40). Ebenenmasken können überall im Ebenenstapel platziert werden, sie wirken nur auf die Ebene darunter.

Mit einer Einstellungsebene können Sie mit Farb- und Tonwertkorrekturen experimentieren, ohne die zugrunde liegenden Pixel zu zerstören. Hier wurde eine Farbton/Sättigung-Einstellungsebene verwendet, um den Farbton deutlich zu bearbeiten; eine Maske schränkt die Änderungen auf einen bestimmten Bildbereich ein.

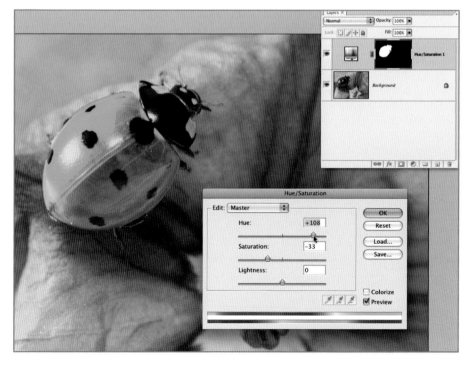

EINSTELLUNGSEBENEN-GRUNDLAGEN

**Wie immer versteht man Einstellungsebenen am einfachsten, wenn man sie in Aktion sieht.
Schauen wir uns also an, wie man sie erstellt und was sie können:**

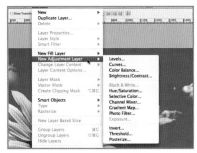

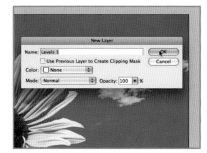

Einstellungsebenen erstellt man mit **Ebene>Neue Einstellungsebene...**; wählen Sie die Einstellung, die Sie anwenden wollen (die Optionen variieren etwas in den Photoshop-Versionen).

Für dieses Beispiel habe ich eine einfache Tonwertkorrektur gewählt, um Helligkeit und Kontrast im Bild anzupassen. Die neue Ebene wird standardmäßig »Tonwertkorrektur 1« genannt. Klicken Sie auf OK, um sie zu erstellen.

Außer in CS4 erscheint eine Dialogbox. (CS4 verwendet eine espezielle Palette, der Prozess ist jedoch identisch.) Hier habe ich Tonwertkorrektur verwendet, um das Bild abzudunkeln.

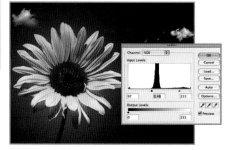

Standardmäßig betrifft die Einstellungsebene das gesamte Bild. Die Maske ist völlig weiß. Hier verwende ich einen großen Pinsel, um mit Schwarz auf die Maske zu malen und den Effekt zu maskieren (auszublenden).

Hier habe ich mit einem großen, weichen Pinsel den Bereich um die Blüte maskiert. Die Blume ist nun so hell wie zu Beginn; der Rest des Bildes wurde durch die Einstellungsebene dunkler.

Ein Doppelklick auf das Icon der Einstellungsebene bringt die Dialogbox für die Einstellungsebene zurück, so dass Sie die Einstellungen ändern können.

Wie eine normale Ebenenmaske kann die Maske der Einstellungsebene direkt aus einer Auswahl erstellt werden. Hier eine Farbton/Sättigung-Ebene.

Und wie jede andere Ebenenmaske können Sie die der Einstellungsebene verfeinern. Blenden Sie den Effekt mit Schwarz aus, mit Weiß ein.

So können Sie den Effekt nahtlos anwenden und jederzeit zurückkehren, um die Maske zu bearbeiten oder die Stärke der Veränderung zu korrigieren.

Die Vielfalt der Einstellungsebenen macht sie zum Werkzeug ohne Grenzen – ich verwende oft eine kontrastreiche Tonwertkorrektur-Einstellungsebene, um bei komplexen Auswahlen die Kanten deutlicher zu machenn – wenn die Auswahl steht, lösche ich die Einstellungsebene. Sie sollten sich angewöhnen, Einstellungsebenen für alle möglichen Korrekturen zu verwenden.

Ein Grund dafür ist der alte Unterschied zwischen destruktiver und nicht-destruktiver Bearbeitung. Sogar kleinere Tonwertanpassungen (zum Beispiel eine leichte Aufhellung mit Tonwertkorrektur) führen zum Verlust von Originalinformationen, wenn Sie direkt in der Datei arbeiten. Bei langen, vielschichtigen Prozessen addieren sich diese kleinen Verluste häufig zu einem großen. Und es gibt nichts Schlimmeres, als nach zwei Stunden Arbeit festzustellen: »Hm, eigentlich hätte ich den

Kontrast am Anfang nicht ganz so stark zu erhöhen brauchen.« Auch bei einfachen Ein-Schritt-Bearbeitungen können Sie besser experimentieren, wenn Sie eine Einstellungsebene verwenden. Und den Rückgängig-Befehl brauchen Sie dann auch nicht mehr.

Schließlich sollten Sie wissen, dass Einstellungsebenen in CS4 dank der neuen Korrekturen-Palette etwas anders funktionieren, denn diese ersetzt die Standard-Dialogbox für die Einstellungsebene und erlaubt eine Ein-Klick-Anwendung. Ansonsten funktionieren Einstellungsebenen hier aber genau wie in den anderen Versionen.

▲ **Eine praktische Anwendung für Einstellungsebenen ist, einen Teil des Bildes aufzuhellen (hier den unteren), während der Rest (der Himmel) unberührt bleibt. Ein weicher Verlauf von oben nach unten erzeugt einen sanften Übergang zwischen dem korrigierten und dem originalen Teil des Bildes.**

Die neue Korrekturen-Palette in Photoshop CS4 legt mit einem Klick Einstellungsebenen an und bietet eine Reihe von Korrekturvorgaben.

EBENEN BESCHNEIDEN

Wenn Sie Einstellungsebenen in einer Montage verwenden, soll die Einstellung oft nur ein Element betreffen. Zum Glück geht das in Photoshop einfach – und Sie brauchen noch nicht einmal eine Auswahl oder Maske.

Klicken Sie zuerst auf die Ebene, an der Sie arbeiten wollen. Wenn Sie eine neue Einstellungsebene erstellen, aktivieren Sie die Option Schnittmaske aus vorheriger Ebene erstellen.

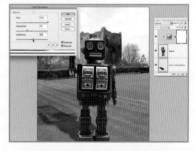

Die Einstellungsebene verwendet jetzt die Transparenz der Ebene, die sie als Schnittmaske einsetzt. Das heißt, wenn Sie die Schnittmaskenebene verändern, passt die Einstellung immer perfekt.

KAPITEL 4

WICHTIGE BILD-KORREKTUREN

Ob Sie mit der aktuellsten digitalen Spiegelreflexkamera fotografieren oder nur alte Fotos scannen, die Chancen stehen nicht schlecht, dass die Bilder etwas Nachhilfe brauchen. Dieses Kapitel betrachtet die wichtigsten Photoshop-Werkzeuge zum Korrigieren, Nachbessern und Transformieren Ihrer Fotos.

Als ich das erste Mal den scheinbar endlos vielen Werkzeugen und Optionen zur Farbkorrektur gegenüberstand, dachte ich, es ist vollkommen klar, dass sich Photoshop-Neulinge irgendwann die Haare raufen, wenn sie versuchen, was sie wofür verwenden können.

Tatsache ist jedoch, wie bei vielen so großen und so gereiften Programmen wie Photoshop, dass die vielen Korrekturwerkzeuge im Grunde nur verschiedene Wege zum selben Ziel anbieten. Denn eigentlich geht es nur um drei Dinge: Helligkeit, Kontrast und Farbe. Dieses Kapitel erläutert die meistverwendeten Werkzeuge für diese drei Variablen, außerdem betrachten wir weitere grundlegende Bearbeitungen für die meisten Digi-

talbilder: Scharfzeichnen, Ausrichten und Freistellen. In Kapitel 5 geht es um einige spezielle Techniken, um die häufigsten Probleme bei Digitalfotos zu korrigieren.

Wichtig ist zu wissen, dass es meistens kein richtiges oder falsches Werkzeug gibt, um Kontrast, Belichtung oder Farbe zu korrigieren, in bestimmten Situationen sind manche einfach nur besser geeignet als andere. Ich persönlich benutze Tonwertkorrektur (S. 48) öfter als Gradationskurven (S. 54), obwohl Letztere feinere Kontrolle bieten, aber Tonwertkorrektur geht einfach schneller. Sie sollten einfach wissen, was die Werkzeuge tun und einen Workflow finden, der zu Ihrer Arbeitsweise passt.

WICHTIGE BILDKORREKTUREN:
TONWERTKORREKTUR UND HISTOGRAMME

Wir beginnen mit der Tonwertkorrektur; einer starken Lösung für Helligkeits-, Farb- und Kontrastprobleme, und das alles in einem einzigen, leicht nachvollziehbaren Dialog.

Photoshop besitzt zwar ein sehr einfaches Werkzeug zur Helligkeit/Kontrast-Korrektur, nämlich den Befehl Helligkeit/Kontrast, dennoch beginnen wir hier mit der Tonwertkorrektur (ebenso zu finden unter **Bild>Korrekturen**). Ich tue das aber aus gutem Grund: Die Tonwertkorrektur ist wirklich leistungsfähig und die Korrektu-

ren geschehen innerhalb von drei Klicks. Der Befehl lässt sich dazu noch einfach benutzen und ist leicht zu verstehen.

Da Sie bei der Tonwertkorrektur direkt im Histogramm arbeiten (siehe unten), hielt ich es immer für eines der intuitivsten Werkzeuge in Photoshop, ein idealer Ausgangspunkt für jemanden, der

lernen möchte, Probleme intelligent zu lösen, statt wild an Reglern zu ziehen oder auf Buttons zu klicken, bis das Bild okay aussieht.

Das Histogramm (das Sie auch sehen, wenn Sie **Fenster>Info** wählen oder F8 drücken) ist ein Diagramm, das die Verteilung der Helligkeit im Bild von Schwarz bis Weiß (links nach rechts) zeigt.

TONWERTKORREKTUR UND HISTOGRAMME

Bevor Sie mit Photoshop anspruchsvollere Farbkorrekturen durchführen können, müssen Sie lernen, ein Histogramm zu lesen – eines finden Sie im Tonwertkorrektur-Dialog.

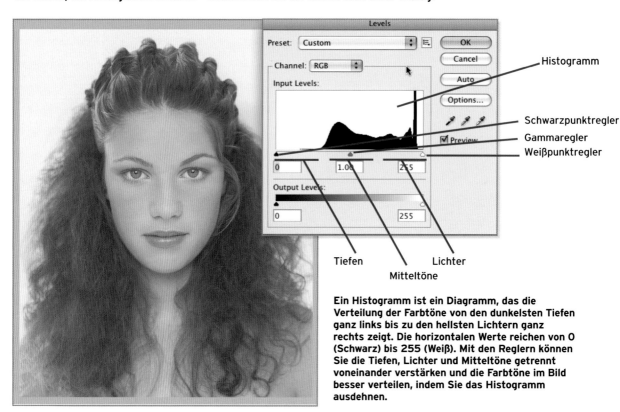

Tiefen   Lichter   Mitteltöne

Ein Histogramm ist ein Diagramm, das die Verteilung der Farbtöne von den dunkelsten Tiefen ganz links bis zu den hellsten Lichtern ganz rechts zeigt. Die horizontalen Werte reichen von 0 (Schwarz) bis 255 (Weiß). Mit den Reglern können Sie die Tiefen, Lichter und Mitteltöne getrennt voneinander verstärken und die Farbtöne im Bild besser verteilen, indem Sie das Histogramm ausdehnen.

Die Tonwert-Regler sind drei Schieberegler, mit denen Sie den Schwarz-, den Weiß- und den Gammapunkt einstellen können.

Histogramme lesen zu lernen, ist wichtig, um die Belichtung gute hinzubekommen bzw. Schritte in die richtige Richtung zu unternehmen. Vielleicht kennen Sie Histogramme bereits von Ihrer Digitalkamera falls nicht, helfen Ihnen die Beispiele hier.

DIE TONWERTKORREKTUR-REGLER

Der schwarze Regler unter dem Histogramm zeigt den Schwarzpunkt im Bild an (0 auf einer Skala von 0 bis 255). Schieben Sie ihn nach rechts und sehen Sie, was im Vorschaubild passiert. Die Tiefen im Bild werden dunkler. Um dieses blasse Bild zu korrigieren, schieben Sie den Regler an die Stelle, wo die Kurve gegen Null verläuft. Indem Sie den Weißpunkt-Regler nach links schieben, hellen Sie die Lichter auf.

 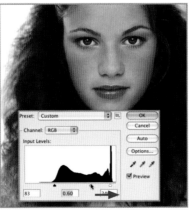

Verschieben Sie jetzt den mittleren (grauen) Regler von links nach rechts. Diese Einstellung (Gammakorrektur) hellt die Mitteltöne auf oder dunkelt sie ab, ohne die Tiefen oder Lichter zu stark zu beeinflussen. Im Grunde definieren Sie hier, wo der Gammapunkt auf einer Skala zwischen 0 und 255 (Schwarz und Weiß) liegt

HISTOGRAMME LESEN

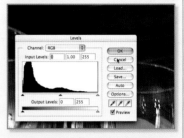

Dunkle Bilder: Zwar liegen die meisten Pixel in diesem Bild im dunklen Teil des Diagramms, dennoch sind einige Farben bis zu den hellsten Werten verteilt.

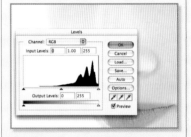

Helle Bilder: Hier liegen die meisten Pixel in den extremen Lichtern, sie werden aber nicht beschnitten und rutschen aus nicht aus dem Diagramm. Das Bild ist also hell, nicht jedoch überbelichtet.

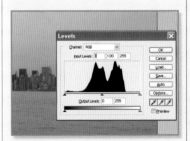

Geringer Kontrast: Typisch für viele Digitalkameras - vor allem für ältere Modelle - und trübes Wetter ist hier sichtbar, dass die Kamera nicht den gesamten Bereich ausgeschöpft hat (von reinem Weiß zu reinem Schwarz), um die Helligkeitswerte in der Szene darzustellen. Die Tiefen sind nur wenig oder nicht vorhanden, ebenso gibt es keine wirklich hellen Lichter. Das Bild ist weder über- noch unterbelichtet und kann recht einfach mit der Tonwertkorrektur korrigiert werden.

AUTOMATISCHE EINSTELLUNGEN

Photoshop bietet eine automatische Tonwertkorrektur an, die Sie ausprobieren sollten, wobei die Ergebnisse top aussehen oder danebengehen können. Zur Auto-Tonwertkorrektur gelangen Sie über das Korrekturen-Menü oder über den Tonwertkorrektur-Dialog, indem Sie auf Optionen klicken.

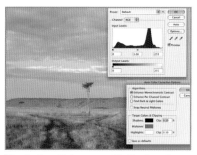 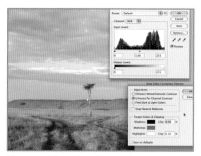 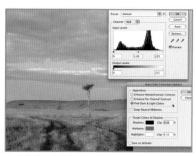

Die Option **Schwarzweiß-Kontrast verbessern** ist, als wählten Sie **Auto-Kontrast** aus dem Korrekturen-Menü. Hier werden Schwarz- und Weißpunkt eingestellt, um einen besseren Kontrast zu erzielen.

Kontrast kanalweise verbessern setzt den Schwarz- und Weißpunkt automatisch für jeden Kanal einzeln, versucht also, Farbstiche zu vermeiden. Ähnlich wie die **Auto-Tonwertkorrektur**.

Schließlich folgt **Dunkle und helle Farben suchen** (dasselbe wie **Auto-Farbe**), die das Bild analysiert (nicht nur Histogramm, Farbe und Kontrast zu korrigieren).

HISTOGRAMME LESEN

Überbelichtet: In einem überbelichteten Bild ist das Histogramm auf der rechten Seite zusammengedrängt, während in den Tiefen keine Pixel vorhanden sind. Die meisten Tonwerte fallen aus dem Rahmen und erscheinen als reines Weiß.

Unterbelichtet: Wieder ist das Histogramm zusammengeknäuelt, dieses Mal auf der linken Seite, in den Lichtern ist quasi nichts zu sehen. Die meisten Pixel rutschen links aus der Kurve und erscheinen als reines Schwarz.

Was passiert eigentlich bei einer Tonwertkorrektur?

Beim Bewegen der Schwarz- und Weißpunkt-Regler definieren Sie den Schwarz- bzw. Weißpunkt im Bild neu. Der graue Gamma-Regler ändert die Kurve als Verhältnis von der Eingabe (Bild vor der Korrektur) zur Ausgabe (von einer geraden Linie in eine Kurve). Ein Beispiel sehen Sie unten. Der Weißpunkt-Regler wurde von 255 auf 209 verschoben. Das heißt, alle Pixel mit einem Helligkeitswert zwischen 209 und 255 werden jetzt auf 255 umgesetzt (Weiß), das Histogramm wird gedehnt, um die Lücke zu schließen.

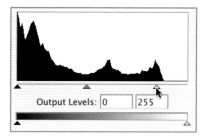

Deshalb schieben Sie den Regler bis an die Stelle im Histogramm, an der die Kurve gegen Null geht – das ist der hellste Bereich im Bild, den definieren Sie als Weißpunkt. Im Beispiel unten gibt es zwischen 218 und 255 überhaupt keine Pixel. Indem Sie den Regler verschieben, sagen Sie »Mach die 217 zur neuen 255 und pass die anderen Tonwerte entsprechend an«.

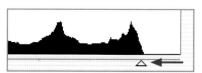

Dasselbe gilt für Bilder, in denen die dunkelsten Stellen nicht schwarz sind – bestimmen Sie den Schwarzpunkt mit dem Schwarzpunkt-Regler neu.

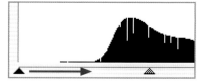

DIE PIPETTEN

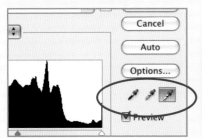

In der rechten unteren Ecke der Tonwertkorrektur-Dialogbox sehen Sie drei Pipetten – je eine schwarze, graue und weiße. Damit bestimmen Sie schnell den Schwarz- und Weißpunkt in Ihrem Bild.

Um einen neuen Weißpunkt zu setzen, wählen Sie die weiße Pipette und klicken Sie an eine Stelle im Bild, die weiß sein soll. Das sollte die hellste Stelle im Bild sein, die noch sichtbare Informationen enthält.

Klicken Sie mit der Maus und schauen Sie zu, wie das gesamte Bild auf den neuen Weißpunkt umgerechnet wird. Nun tun Sie dasselbe für den Schwarzpunkt.

Klicken Sie mit der schwarzen Pipette auf die dunkelste Stelle im Bild. Nun haben Sie den Schwarzpunkt gesetzt.

Die Pipetten beeinflussen nicht nur die Helligkeit, sondern auch die Farbe. Die mittlere Pipette – die graue – definiert neutrales Grau, der Rest des Bildes wird wieder angepasst.

Sie können so lange erneut klicken, bis Sie den richtigen Punkt gefunden haben – mit der Vorschau auf dem Bildschirm können Sie das Ergebnis für jeden Punkt visuell bewerten.

Spitzlicht oder nicht?

Für die Tonwertkorrektur ist es wichtig, den Weißpunkt an die hellste druckbare Stelle zu setzen, was nicht unbedingt der hellste Punkt im Bild sein muss. Das liegt an den sogenannten Spitzlichtern, die durch Blendeffekte oder Überbelichtung entstehen. Dasselbe gilt für Bilder mit total schwarzen Pixeln. Deshalb setzen wir den Weißpunkt etwas neben die Stelle, an der die ersten hellen

Werte zu erkennen sind (siehe roter Pfeil unten).

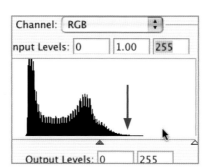

Kurzer Tipp

Schwellenwert
Halten Sie die Alt (⌥)-Taste gedrückt, während Sie den schwarzen und weißen Regler ziehen, dann zeigt die Vorschau an, welche Pixel rein schwarz oder weiß sind.

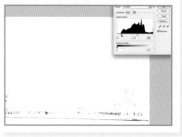

TONWERTKORREKTUR IN FARBKANÄLEN

Wie die meisten Farbkorrektur-Werkzeuge in Photoshop kann die Tonwertkorrektur auf die einzelnen Farbkanäle eines Bildes einzeln angewendet werden.

Wenn Sie in das Kanäle-Menü in der Tonwertkorrektur-Dialogbox klicken, sehen Sie, dass Sie den Kontrast eines einzelnen Farbkanals ändern können. Wir benutzen diese Funktion, um die Farbe und gleichzeitig den Kontrast in diesem Bild zu korrigieren, aber sie eignet sich auch für feinere Farbkorrekturen.

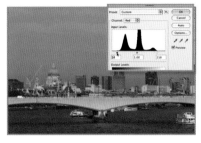

Wir beginnen mit dem Rot-Kanal. Hier setze ich den Schwarz- und den Weißpunkt genauso wie im RGB-Modus; ich verschiebe die Regler an die Stelle, wo die Kurve im Histogramm gegen Null geht.

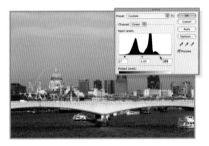

Hier habe ich zum grünen Kanal gewechselt und gehe genauso vor.

Schließlich der Blau-Kanal. Ich kann später zurückkehren und die Einstellungen für jeden Kanal verfeinern, um die gewünschte Farbbalance zu erhalten.

■ Gewöhnen Sie sich an, Tonwertkorrektur als Einstellungsebene zu verwenden (S. 44) – so können Sie die Einstellungen nicht nur später ändern, sondern auch eine Maske verwenden, um den Effekt auf bestimmte Bildbereiche zu beschränken.

■ Zwar gibt es in Photoshop keine Auto-Tonwertkorrektur-Einstellungsebene, dennoch können Sie eine Tonwertkorrektur-Einstellungsebene erstellen und auf den Auto-Button klicken.

■ Wenn Sie Tonwertkorrektur auf ein gesamtes Bild basierend auf einem kleine Bildausschnitt anwenden wollen, verwenden Sie eine Einstellungsebene:
(i) Wählen Sie den Bereich aus, auf dem die Änderungen basieren sollen (z.B. das Gesicht in einem Studioportät).

(ii) Erstellen Sie bei aktiver Auswahl eine neue Tonwertkorrektur-Einstellungsebene. Sie sehen die normale Dialogbox mit dem Histogramm des ausgewählten Bildausschnitts.

(iii) Nehmen Sie die nötigen Einstellungen vor.

(iv) Klicken Sie auf OK. Löschen Sie nun die Ebenenmaske. Sie sehen, dass das gesamte Bild von der Korrektur betroffen ist.

Wählen Sie Histogramm aus dem Fenster-Menü und Alle Kanäle in Ansicht aus dem Menü der Histogramm-Palette, so dass Sie schnell sehen können, welchen Farbkanal Sie reparieren.

TIEFEN/LICHTER-KORREKTUR

Photoshop CS führte einen praktischen neuen Befehl ein, um die Details in den Tiefen besser zu reparieren. Der Befehl Tiefen/Lichter (**Bild> Korrekturen>Tiefen/Lichter**) hat eine einfache Bedienoberfläche, obwohl hinter der Fassade sehr komplexe Dinge

vor sich gehen. Und wenn Sie ihn sorgfältig einsetzen, erhalten Sie innerhalb von Sekunden Ergebnisse, die mit Tonwertkorrektur deutlich länger gedauert hätten.

Technisch gesehen verwendet der Befehl eine sogenannte Kontrastmaskierung, um die

Helligkeit nur in den dunkelsten Bildbereichen zu erhöhen. Sie können das Bild damit auch abdunkeln, um starke Lichter zu dämpfen und die Balance in den Bildern wiederherzustellen.

Hier das Ausgangsbild mit den Reglern **Tiefen** und **Lichter** in Nullstellung (kein Effekt). Die Aufnahme ist leicht unterbelichtet, denn der helle Himmel hat den Belichtungsmesser der Kamera etwas in die Irre geführt.

Durch Verschieben des Tiefen-Reglers werden die dunkelsten Bereiche aufgehellt, ohne die Lichter zu verändern. Die Standardeinstellung ist 50%, das kann jedoch zu extrem ausfallen. Experimentieren Sie.

Indem Sie den Lichter-Regler schrittweise bewegen, dunkeln Sie die helleren Bereiche des Bildes ab. Sie sollten diesen Regler mit Vorsicht einsetzen, denn das Ergebnis sieht schnell unnatürlich aus.

Wenn Sie die Abenteuerlust packt, klicken Sie auf Weitere Optionen einblenden - hier definieren Sie, wie breit die Tiefen- und Lichterbereiche sind (**Tonbreite**) und die scharf die Grenze des betroffenen Bereichs ist (**Radius**). Es gibt auch Regler für **Farbkorrektur** und **Mittelton-Kontrast**, mit denen Sie herumspielen können.

WICHTIGE KORREKTUREN:
GRADATIONSKURVEN

Um die Farbe Ihrer Bilder in den Griff zu bekommen, sollten Sie sich mit Gradationskurven auskennen.

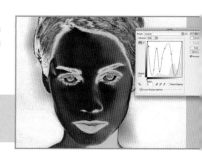

Gradationskurven (**Bild>Korrekturen> Gradationskurven**) sind nicht gerade das benutzerfreundlichste Werkzeug in der digitalen Dunkelkammer. Aber mit etwas Übung können Sie damit Dinge tun, die mit anderen Werkzeugen unmöglich sind. Vor allem, wenn Sie es mit ungewöhnlichen Bildern

zu tun haben – mit Belichtungs- oder Kontrastproblemen. Indem Sie einige Punkte zur Kurve hinzufügen, können Sie die Tonwerte im Bild aufbessern, wie es mit Helligkeit/Kontrast oder Tonwertkorrektur unmöglich wäre.

Für die meisten professionellen Anwender sind Gradationskurven die

erste Wahl, wenn es darum geht, den Kontrast zu korrigieren. Am besten lernen Sie den Umgang mit Gradationskurven durch Experimentieren, werfen Sie also einen Blick auf die Beispiele und probieren Sie sie an Ihren eigenen Bildern aus.

GRADATIONSKURVEN VERSTEHEN

Die Kurve bildet das Verhältnis zwischen Eingabe- (horizontale Achse) und Ausgabe- (vertikale Achse) Helligkeitswerten ab. Die horizontale Achse zeigt also von links nach rechts alle vom dunkelsten (0, Schwarz) bis zum hellsten (255, Weiß). Die vertikale Achse stellt die Tonwerte dar, nachdem die Gradationskurven angewendet wurden. Beim ersten Öffnen liegt die Kurve gerade bei 45 Grad – Eingabe- und Ausgabewerte sind identisch. Indem Sie die Form – oder den Winkel – der Kurve ändern, weisen Sie den Eingabewerten neue Ausgabewerte zu. Um die Kurve zu verschieben, klicken Sie auf einen der Endpunkte und ziehen daran oder klicken Sie auf die Linie und ziehen Sie, um einen neuen Punkt hinzuzufügen und die LInie anders zu formen.

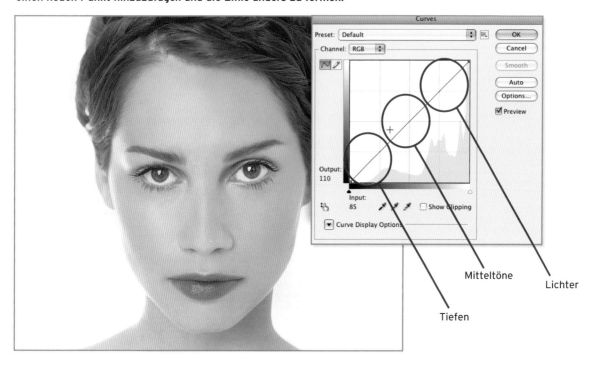

Mitteltöne

Lichter

Tiefen

GRADATIONSKURVEN-EINSTELLUNGEN

Wir beginnen mit den einfachsten Einstellungen und wie sie sich auf das Bild auswirken. Wichtig ist zu wissen, dass ein steiler Winkel den Kontrast erhöht, ein flacher den Kontrast verringert. Wenn die Kurve unter die 45-Grad-Linie fällt, werden die Farben dunkler, darüber werden sie heller. Die roten LInien hier illustrieren, wie ein Mittelgrau im Originalbild aufgehellt oder abgedunkelt wird.

45 Grad gerade Linie - Eingabe- und Ausgabewerte sind gleich.

Erhöhter Kontrast, alle Tonwerte werden dunkler.

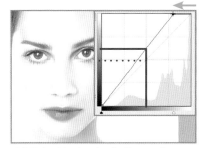

Erhöhter Kontrast, alle Tonwerte werden heller.

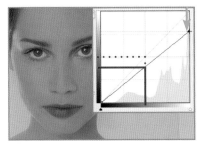

Reduzierter Kontrast, alle Tonwerte werden dunkler.

Reduzierter Kontrast, alle Tonwerte werden heller.

Mitteltöne werden dunkler, Tiefen und Lichter unbeeinflusst.

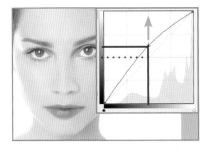

Mitteltöne aufgehellt - Tiefen und Lichter unbeeinflusst.

Indem Sie den Lichter-Bereich hoch und den Tiefen-Bereich nach unten ziehen, entsteht die klassische S-Form, die den Kontrast erhöht, ohne dass in den Mitteltönen zu viele Informationen verloren gehen. Das kann verfeinert werden, um genau den gewünschten Farbbereich zu erhalten.

GRADATIONSKURVEN UND FARBE

Wie bei den meisten Werkzeugen können Sie die Gradationskurven für jeden Farbkanal separat einstellen. Um die Gradationskurven für den roten, grünen und blauen Kanal einzustellen, wählen Sie den Kanal aus dem Popup-Menü oben in der Dialogbox.

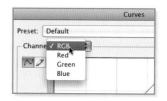

Beginnen Sie mit dem **Rot**-Kanal. Ziehen Sie die Kurve nach oben, um den Rotanteil im Bild zu erhöhen.

Indem Sie den Rot-Kanal nach unten ziehen, machen Sie das Bild blauer (technisch gesehen, mehr Cyan).

Wechseln Sie jetzt zum **Blau**-Kanal. Keine Überraschungen hier: Wenn Sie die Kurve nach oben schieben, wird das Bild blauer.

Wenn Sie die blaue Kurve nach unten ziehen, wird das Bild gelber (gut, um Abendaufnahmen wärmer erscheinen zu lassen).

Wollen Sie raten, was passiert, wenn Sie die Kurve des **Grün**-Kanals nach oben schieben? Klar, alles wird grüner.

Das Gegenteil von Grün ist Magenta, wenn Sie die grüne Kurve nach unten ziehen, erhöhen Sie also den Magentaanteil.

Hier habe ich alle drei Kurven, um ein wärmeres Abendleuchten zu erzeugen. Dabei wurden die Kurven kaum bewegt – man beginnt am besten mit feinen Änderungen, denn die Gradationskurven ufern schnell aus und man bekommt psychedelische Effekte.

Im vorherigen Beispiel habe ich nur den Winkel der Kurven geändert (sie waren noch immer gerade Linien), kein Unterschied also zu den Farbbalance-Reglern (**Bild>Korrekturen>Farbbalance**). Hier verwendete ich Gradationskurven für ein stärkeres Ergebnis.

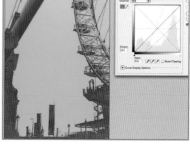

Hier war ich auf einen absichtlich grafischen Tontrennungseffekt aus. Ich kehrte die rote Kurve um und verstärkte den Grünkontrast. Außerdem entfernte ich das Blau aus der Szene. Wenn Sie einen Effekt erzeugen, der Ihnen gefällt, speichern Sie ihn als neue Gradationskurven-Vorgabe.

KONTRAST MIT GRADATIONSKURVEN EINSTELLEN

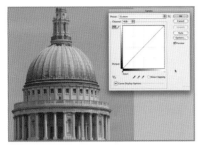

Wir beginnen mit diesem eher flauen, dunstigen Foto.

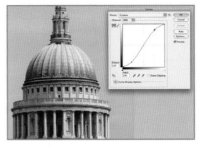

Eine einfache, leichte S-Kurve erhöht den Kontrast, ohne die Mitteltöne zu verändern.

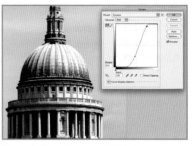

Eine steilere Kurve erhöht den Kontrast weiter, allerdings treten Beschneidungen auf.

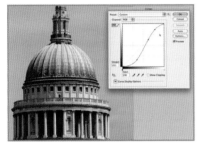

Verfeinern Sie die Kurve, um den Kontrast zu verstärken und die Lichter zu schützen.

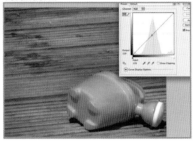

Sie können auch mit Gradationskurven den Kontrast verringern, wenn das nötig ist.

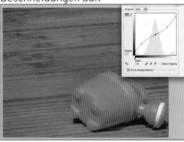

Diese umgekehrte S-Kurve macht das perfekt.

FARBSTICHE BEHEBEN

Dieses Bild ist offensichtlich zu grün, also wählte ich den Grün-Kanal aus.

Ich zog die grüne Kurve nach unten und korrigierte den Farbstich innerhalb von Sekunden.

An dieser Stelle sollte ich erwähnen, dass die Gradationskurven-Dialogbox seit Photoshop CS3 aufgehübscht und mit neuen Funktionen versehen wurde. Die erste ist die Fähigkeit, ein Histogramm hinter der Kurve anzuzeigen, außerdem verfügt der Dialog über Schwarz- und Weißpunkt-Regler, wodurch man den Kontrast schneller und leichter bearbeiten kann, auch wenn man sich sonst nicht mit Gradationskurven auskennt. Außerdem gibt es seit CS3 Vorgaben für Gradationskurven.

Tipps

■ Wenn Sie an einzelnen Farbkanälen arbeiten, wird durch eine erhöhte Kurve der Anteil dieser Farbe im Bild erhöht, durch eine niedrigere Kurve wird er verringert.

■ Selbst kleinste Änderungen an der Kurve können deutliche Wirkung zeigen, beginnen Sie also langsam.

■ Klicken Sie auf einen Ankerpunkt der Kurve und ziehen Sie ihn aus der Tabelle, um ihn zu löschen.

■ Mit einer Gradationskurven- Einstellungsebene (siehe S. 44) können Sie später die Einstellungen ändern und den Effekt maskieren, um ihn nur auf einen bestimmten Bildbereich anzuwenden.

■ Der Gradationskurven-Dialog besitzt einen Auto-Button. Probieren Sie ihn aus und schauen Sie sich die Kurven der einzelnen Kanäle an, um zu sehen, was mit Ihrem Bild passiert ist. Man lernt nie aus.

GRADATIONSKURVEN FÜR FORTGESCHRITTENE

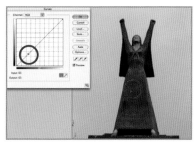

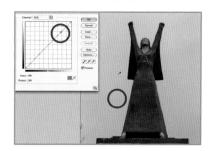

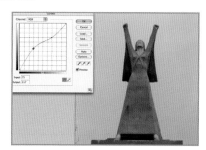

Es kann hilfreich sein, zu wissen, wo auf der Kurve sich ein Farbton befindet. Wenn Sie ins Bild klicken, erscheint ein kleiner Ring auf der Kurve. Hier klickte ich in die Statue, der Farbton liegt bei ca. einem Viertel von links nach rechts auf der Kurve.

Klicken und ziehen im Himmel zeigt, dass die Farbtöne ca. bei einem Viertel von rechts auf der Kurve liegen. Ich möchte die Statue aufhellen, ohne den Himmel komplett auszubluten, mit diesen Informationen kann ich also einen Ankerpunkt setzen, um die Farbtöne zu schützen.

Sobald der Anker an Ort und Stelle ist, kann ich die Kurve in dem Bereich nach oben ziehen, in dem sich die meisten Farbtöne der Statue befinden, ohne die Himmelsfarben zu beeinträchtigen. Im Ergebnis wird die Statue heller, ohne dass der Himmel ausbrennt.

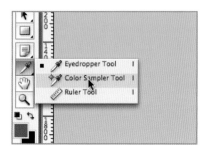

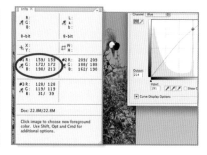

Der **Farbaufnehmer** ist geeignet, um das Ergebnis unserer Korrektur in den einzelnen Farbkanälen zu überprüfen. Öffnen Sie dazu auch die **Info**-Palette (F8).

Klicken Sie irgendwo ins Bild, um einen Farbaufnahmepunkt zu setzen – die RGB-Werte für jeden Punkt sind in der Info-Palette zu sehen (sie werden beim Erstellen nummeriert).

Durch Bearbeiten der Kurve aktualisiert sich die Info-Palette und zeigt die RGB-Werte für jeden Farbaufnehmer vor und nach der Korrektur an. Auf Seite 87 korrigieren wir damit Farbprobleme.

Indem Sie die Kurve sorgfältig bearbeiten und mit Farbaufnehmer und Pipetten überprüfen, welche Bereiche angepasst werden müssen, können Sie die Tiefen anheben, ohne die Lichter zu beschneiden.

SCHRITT-FÜR-SCHRITT: KONTRAST UND FARBE

Genug der Theorie, lassen Sie uns an einem Beispiel ausprobieren, wie schnell Sie ein trübes, flaues und lebloses Foto in einen kontrastreichen und realen Sonnenuntergang verwandeln können, innerhalb weniger Schritte. Das könnte man zwar auch ohne Gradationskurven tun, aber kein anderes Werkzeug bietet eine so umfassende Kontrolle über Kontrast und Farbe.

Schritt 01

Wir beginnen mit diesem Foto der New-York-Skyline, aufgenommen vom Empire State Building. Leider passte das Wetter nicht zu der wundervollen Aussicht.

Schritt 02

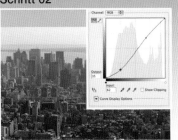

Zuerst reduzieren wir den Dunst, indem wir den Kontrast in den Tiefen und Mitteltönen erhöhen. Ein Ankerpunkt schützt die Lichter, ein anderer zieht den dunkleren Kurvenbereich nach unten.

Schritt 03

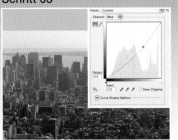

Ich wollte die kühle Färbung des Originalbildes loswerden. Also wählte ich den **Blau**-Kanal aus und zog die Kurve nach unten.

Schritt 04

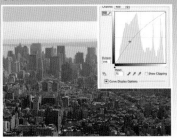

Nun die **Rottöne**. Im roten Kanal hebe ich die Kurve an. Das ist ein kreativer Prozess, keine Farbkorrektur. Ich experiementiere also visuell, wie weit ich mit der Kurve gehen kann.

Schritt 05

Im letzten Schritt wurde klar, dass ich den Mitteltönen etwas **Grün** entnehmen muss. Ich wählte einfach den Grün-Kanal aus und zog die Kurve etwas nach unten.

Schritt 06

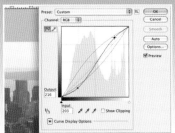

An der RGB-Kurve wird sichtbar, was ich getan habe. So habe ich ein Foto gerettet, das andernfalls vermutlich im Müll gelandet wäre.

WICHTIGE KORREKTUREN:
FARBTON/SÄTTIGUNG

Farbton/Sättigung in Photoshop bietet wertvolle Werkzeuge, um Farben in einem Bild zu verstärken, zu vermindern oder zu verschieben.

Computer und Digitalkameras speichern Farbinformationen in Werten von Rot, Grün und Blau (RGB). Dieselben Farbinformationen können auch mit anderen Systemen beschrieben werden, von denen eines Farbton, Sättigung und Helligkeit ist (HSL: Hue, Saturation, Lightness). HSL unterteilt die Farben basierend auf dem Farbkreis in drei Variablen auf: Farbton (die Farbe, die Position im Farbkreis), Sättigung (die Stärke oder Reinheit der Farbe) und Helligkeit. Mit dem Befehl Farbton/Sättigung sind feine Korrekturen möglich, ohne Helligkeit oder Kontrast zu beeinflussen.

FARBTON/SÄTTIGUNG-GRUNDLAGEN

Sie beginnen bei **Bild>Korrekturen >Farbton/Sättigung**. In der Dialogbox finden Sie Regler für **Farbton, Sättigung** und **Helligkeit**.

Der **Sättigung**-Regler steuert die Farbintensität (genauer gesagt kontrolliert er den Grauanteil in der Farbe). Eine erhöhte Sättigung lässt Farben lebendiger wirken.

Reduziert man die Sättigung einer Farbe, verschiebt man diese in Richtung Grau, die Farben werden weniger intensiv, weniger lebendig. Wenn Sie die Sättigung auf Null reduzieren, erhalten Sie ein Graustufenbild.

Als Farbton bezeichnet man die Position einer Farbe im Farbkreis. Wenn Sie den Farbton-Regler verschieben, drehen Sie die Farben im Kreis um ein paar Grad.

Wenn Sie den Farbton-Regler verschieben, ändern sich die Farben im Bild drastisch (die beiden Farbbalken unten in der Dialogbox zeigen die Farbtöne vor- und nachher). Den Farbton-Regler wendet man selten auf das gesamte Bild an.

Der **Helligkeit**-Regler wird eher selten eingesetzt. Erhöhen Sie den Wert, verschieben Sie alle Farben in Richtung Weiß, verringern Sie ihn, in Richtung Schwarz.

FARBSPEZIFISCHE FARBTON/SÄTTIGUNG-KORREKTUREN

Eine der nützlichsten Funktionen der HSL-Regler ist die Fähigkeit, den Effekt auf eine bestimmte Gruppe von Farben im Bild zu beschränken. Damit können Sie das Blau eines Himmels verstärken oder das Rot in einem Sonnenbrand reduzieren, ohne eine Auswahl erstellen zu müssen. Außerdem können Sie in Fotos mit hohem ISO-Wert das Farbrauschen reduzieren.

Um eine Gruppe von Farben zu bearbeiten, wählen Sie sie aus dem Aufklappmenü aus. Sie können mit dem Farbaufnehmer auch Farben direkt aus dem Bild wählen.

Hier arbeiten wir an den Rottönen im Bild. So lässt sich die Farbe des roten Londoner Stadtbusses schnell ändern, ohne die anderen Farben im Bild zu beeinträchtigen.

Hier reduzieren wir Sättigung und Helligkeit der Blautöne, um einen wunderbaren Sommerhimmel grau und trübe aussehen zu lassen.

Eines der häufigsten Einsatzgebiete für Farbton/Sättigung ist das Färben. Hiermit können Sie die Originalfarbe aus dem Foto entfernen und ein gefärbtes Monochrom-Bild erstellen. Damit werden Sepia-Bilder zum Kinderspiel.

Kurzer Tipp

Farbton/Sättigung ist eine schnelle Möglichkeit, mit roten Hautfarben fertig zu werden.

Sie wählen Rottöne aus dem Menü aus, reduzieren die Sättigung und ziehen den Helligkeit-Regler leicht nach rechts (um die Farben gelber aussehen zu lassen). Schon ist der Sonnenbrand weg.

WICHTIGE ANDERE KORREKTUREN

Wir haben nur an der Oberfläche der Korrekturwerkzeuge gekratzt, hier sind ein paar mehr.

Image		
Mode	▶	
Adjustments	**▶**	Levels... ⌘L
		Auto Levels ⇧⌘L
Duplicate...		Auto Contrast ⌥⇧⌘L
Apply Image...		Auto Color ⇧⌘B
Calculations...		Curves... ⌘M
		Color Balance... ⌘B
Image Size... ⌥⌘I		Brightness/Contrast...
Canvas Size... ⌥⌘C		
Pixel Aspect Ratio	▶	Black & White... ⌥⇧⌘B
Rotate Canvas	▶	Hue/Saturation... ⌘U
Crop		Desaturate ⇧⌘U
Trim...		Match Color...
Reveal All		Replace Color...
		Selective Color...
Variables	▶	Channel Mixer...
Apply Data Set...		Gradient Map...
		Photo Filter...
Trap...		Shadow/Highlight...
		Exposure...
		Invert ⌘I
		Equalize
		Threshold...
		Posterize...
		Variations...

In diesem Kapitel haben wir die wichtigsten Korrekturwerkzeuge in Photoshop betrachtet, die der Anwender kennen sollte und die wir in den Schritt-für-Schritt-Anleitungen brauchen werden. Egal, welche Version Sie verwenden, werden Sie festgestellt haben, dass das Korrekturen-Menü mehr zu bieten hat.

Einige der Befehle werden wir in den relevanten Abschnitten des Buches detaillierter besprechen, andere, wenn wir sie in den Projekten einsetzen. Lassen Sie uns hier aber noch einen kurzen Blick auf alle anderen werfen – manche sind so selbsterklärend, dass sie kaum erläutert werden müssen. Wir arbeiten uns durch das Korrekturen-Menü und ignorieren die Befehle, die wir bereits besprochen haben.

Farbbalance ... Helligkeit/Kontrast ...

Zwei einfache Befehle, die es seit den Anfängen von Photoshop gibt. Mit den Farbbalance-Reglern können Sie leicht die Mischung aus Rot, Grün und Blau in drei Farbbereichen einstellen, Helligkeit/Kontrast tut genau das, was der Name sagt (in CS3 wurde es überarbeitet und erzeugt jetzt keine so furchtbaren Ergebnisse mehr).

Schwarzweiß ... (CS3+)

Ein neues Werkzeug mit vielen Reglern, um Ihr Bild in ein Schwarzweißbild umzuwandeln (S. 97). In vielen Fällen ersetzt es den Kanalmixer (S. 95), der vor allem verwendet wird, um die verschiedenen Farben im Bild abzustimmen, um eine gute Graustufenumsetzung zu erzeugen.

Sättigung verringern

Dasselbe, als verringerten Sie die Sättigung in der Farbton/Sättigung-Dialogbox auf Null. Eine schnelle Möglichkeit, die Farbe aus dem Bild zu entfernen.

Gleiche Farbe (CS+)

Cleveres Werkzeug, um die Farbbalance in zwei Bildern anzugleichen.

Farbe ersetzen... (CS+)

Kombiniert Auswahl>Farbbereich auswählen... und Farbton/Sätti-

▼ Die neue, aus Lightroom übernommene Dynamik in CS4 erhöht die Sättigung in feinen Schritten (bereits gesättigte Farben bleiben unverändert).

▼ Der Variationen-Befehl ist eine rein visuelle Einstellung; Sie klicken einfach auf die Variation, die Ihnen besser gefällt, und erhalten das entsprechende Ergebnis.

Helligkeit/Kontrast ist zwar etwas grob, lässt sich aber sehr leicht benutzen und tut genau, was der Name sagt.

Farbbalance ist für die Farbe dasselbe wie Helligkeit/Kontrast für die Tonwerte. Leicht zu verwenden und intuitiv.

Das einzig Erwähnenswerte an **Selektive Farbkorrektur** ist, dass Sie die Farbbalanace von Weiß, Neutraltönen und Schwarz einstellen können.

Der **Kanalmixer** ist verbreitet, um angepasst Schwarzweißbilder zu erzeugen (S. 95).

Schwarzweiß bietet mehr Kontrolle über die Farbumwandlung, dazu eine Reihe nützlicher Vorgaben.

Der **Fotofilter** ahmt konventionelle Filtervorsätze nach und kann bei leichten Farbstichen schnelle Abhilfe schaffen.

gung in einen einzigen Schritt und wie der Name sagt, wird eine Farbe durch eine andere ersetzt.

Selektive Farbkorrektur
Ein recht altes und obskures Werkzeug, mit dem Sie die Farbbalance in einem bestimmten Farbbereich anpassen können.

Verlaufsumsetzung
Setzt die Luminanz eines Bildes auf einen Verlauf von den Tiefen (ein Ende des Verlaufs) zu den Lichtern (anderes Ende des Verlaufs) um. Eine von vielen Möglichkeiten, ein Foto schwarzweiß zu machen oder ein monochromes Bild zu färben (S. 94).

Fotofilter (CS+)
Serie von Farbüberlagerungen, die den Effekt konventioneller Farbkorrekturfilter nachahmen und anwenden.

Belichtung (CS2+)
Neue Möglichkeit, Bilder nachzudunkeln oder aufzuhellen und so den Effekt einer geänderten Kamerabelichtung zu imitieren.

Tonwertangleichung
Ebnet die Helligkeit im gesamten Bild ein; vor allem bei schlechten Scans sinnvoll.

Umkehren
Erzeugt ein Negativbild.

Schwellenwert
Erzeugt ein Hochkontrast-Zwei-in-Eins-Bild – der Schwellenwert-Regler legt fest, bei welcher Helligkeit die Umsetzung von Schwarz nach Weiß geschieht (S. 122).

Tontrennung
Lässt die Anzahl von Tonwerten im Bild reduzieren und sorgt für einen Pop-Art-Effekt (S. 118).

Variationen
Visuelle Farbkorrekturen durch verschieden variierte Miniaturen (siehe links).

WICHTIGE KORREKTUREN:
SCHÄRFEN UND UNSCHARF MASKIEREN

Lassen Sie sich vom Namen nicht in die Irre führen: Unscharf maskieren ist ein starkes und leicht benutzbares Werkzeug zum Schärfen Ihrer Bilder.

Vielleicht müssen Sie nicht jedes Bild scharfzeichnen, das Sie in Photoshop öffnen, wohl aber die meisten. Viele Digitalbilder kommen bereits leicht unscharf aus der Kamera und Aktionen wie Größenanpassung (z.B. für das Web) reduzieren die Schärfe weiter und Sie müssen gegensteuern. Photoshop bietet mehrere Scharfzeichnungswerkzeuge, alle basieren jedoch auf demselben Prinzip. Wir konzentrieren uns auf die Mutter aller Werkzeuge, den Unscharf-

maskieren-Filter (**Filter>Scharfzeichnungsfilter**), der sich besser steuern lässt als **Scharfzeichnen** und **Stärker scharfzeichnen**. Neuere Versionen bieten auch den Selektiven Scharfzeichner an (siehe S. 66).

So geht's

Der Unscharf-maskieren-Filter erhöht die visuelle Schärfe im Bild, indem er den Kantenkontrast erhöht. Er verwendet einen Schein

Scharfzeichnen erhöht den Kantenkontrast.

(siehe oben), der die dunkle Seite der Kante abdunkelt und die helle weiter aufhellt.

UNSCHARF MASKIEREN – GRUNDLAGEN

Bei einem solchen irreführenden Namen überrascht es kaum, dass der Filter oft missverstanden wird. Unscharf maskieren ist jedoch ein sehr starkes und leicht einzusetzendes Werkzeug.

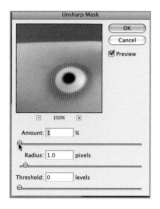 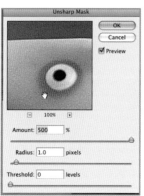 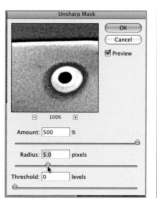 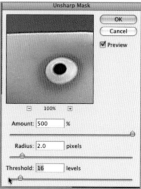

Die Dialogbox hat drei Regler: **Stärke** (Kantenkontrast), **Radius** (Größe des schärfenden Scheins) und **Schwellenwert** (schützt einfarbige Bereiche).

Mit größerer Stärke erhöht sich die Stärke des Schärfungseffekts (der Schein). Wir benutzen meist geringe Stärken mit einem großen Radius und umgekehrt.

Der Radius definiert die Größe des Scheins. Wir versuchen meist, den Radius so groß wie das kleinste Detail im Bild zu wählen, wird er zu groß, verlieren Sie feine Details.

Der Schwellenwert legt fest, was als Kante erkannt wird, um scharfgezeichnet zu werden, und was als Detail erhalten bleibt. Meist bei 0, wenn das Bild nicht verrauscht ist.

WELCHE EINSTELLUNGEN?

Der Schlüssel zu erfolgreichem Unscharf maskieren ist, die Einstellungen an den Bildinhalt anzupassen. Hier einige Richtwerte für den Anfang.

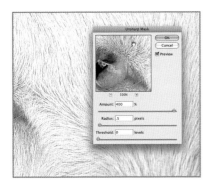

Verwenden Sie für feine Details einen kleinen Radius (0,3 bis 0,6) und eine große Stärke (zwischen 250 und 300%).

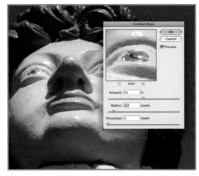

Für wenig Details verwenden Sie eine geringere Stärke (zwischen 75 und 150%) und einen größeren Radius (1,0 bis 2,5 Pixel).

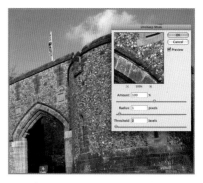

Für Bilder mit einem Mix aus feinen und groben Details beginnen Sie mit den Standardeinstellungen (100%, 1,0 Pixel).

VISUELL ENTSCHEIDEN

Beginnen Sie mit einer Stärke von 500% und einem Radius, der grob passen könnte. Reduzieren Sie nun den Radius, bis er zu den Details im Bild passt.

Wenn Sie zufrieden sind und der Radius gerade so unter dem Punkt liegt, an dem er die Details verschwinden lässt, reduzieren Sie die Stärke, bis Sie die gewünschte Schärfe haben.

Einfarbige Bereiche bleiben mehr oder weniger unberührt (hier ist Unscharf maskieren besser als viele andere Scharfzeichnungsfilter). Wichtig ist, sich zu merken, dass auch Unscharf maskieren keine Details zum Foto hinzufügen kann – es verbessert nur die vorhandene Schärfe, ist also nicht besonders hilfreich, wenn das Bild unscharf ist.

Regler

In der Dialogbox gibt es drei Regler und es ist wichtig zu wissen, was jeder davon tut, um das Werkzeug effizient einsetzen zu können.

Stärke: Der Stärke-Regler legt fest, wie stark der Kontrast um die Kanten verbessert wird.

Kurze Tipps

■ Schalten Sie die Schärfe-Option in Ihrer Kamera nicht ein, denn diese können Sie nicht widerrufen. Unscharf maskieren in Photoshop hilft Ihnen deutlich weiter.

■ Arbeiten Sie auf dem Bildschirm immer bei 100% Vergrößerung und denken Sie daran, dass der Unscharf-maskieren-Effekt auf dem Bildschirm immer stärker aussieht als im Druck.

■ Wenden Sie Scharfzeichnungsfilter immer erst nach allen anderen Bildbearbeitungen an; dies ist die letzte Stufe im Prozess. Das ist vor allem wichtig, wenn Sie die Bildgröße für den Druck noch ändern. Nach einer Größenveränderung macht Unscharf maskieren die entstandene Unschärfe wieder etwas wett.

■ Scharfzeichnen verstärkt Rauschen und Artefakte. Bei Bildern mit schlechter Qualität sollten Sie schwächer scharfzeichnen als normal.

Radius: Der Radius definiert die Größe der Aura in Pixel. Je größer er ist, desto deutlicher wird die Scharfzeichnung. Theoretisch sollte der Radius an die Größe der kleinsten Details im Bild angepasst werden, aber für die richtige Einstellung gibt es keine Zauberformel. Detailreiche Bilder (Landschaften z.B. mit Blattwerk) benötigen einen kleinen Radius (unter 1,0), für Bilder ohne kleine Details kann man einen größeren Radius verwenden.

Schwellenwert: Der letzte Regler unterscheidet sich von den beiden Vorgängern, denn je höher der Wert ist, desto weniger deutlich wird der Effekt. Der Schwellenwert schützt einfarbige Bereiche vor der Scharfzeichnung und legt fest, wie stark sich zwei Farben unterscheiden müssen, um als Kante erkannt zu werden. Bei den meisten Bildern funktioniert ein Schwellenwert von 0, ist das Bild aber verrauscht oder wird durch die Scharfzeichnung verrauscht, können Sie ihn leicht erhöhen (auf 1 oder 2). Er ist gut geeignet, um zu starke Scharfzeichnung in Porträts zu vermeiden.

Welche Einstellungen?

Wichtig ist, die Werte für Stärke und Radius an den Detailreichtum im Bild anzupassen. Bilder mit feinen Details benötigen einen kleinen Radius (unter 1,0 Pixel) und eine große Stärke (über 200%). Bilder mit wenigen Details (ohne Haare oder Fell, zum Beispiel), sind mit einem größeren Radius und geringerer Stärke besser bedient – vor allem, wenn das Bild Störungen enthält, denn diese werden auch scharfgezeichnet. Sie finden bestimmt eine Einstellung, die bei fast allen Fotos funktioniert (ich beginne meist mit 200%, 0,7 Pixel), dennoch sollten Sie etwas experimentieren (betrachten Sie das Bild dabei bei 100%). Meist ist es besser, zuerst den Radius anhand des Bildes festzulegen und dann die Stärke einzustellen, um zum Schluss den Schwellenwert zu bestimmen, falls Rauschen in einfarbigen Bereichen zu sehen ist.

SELEKTIVER SCHARFZEICHNER (CS2+)

Seit Photoshop CS2, ist der Selektive Scharfzeichner (Filter>Scharfzeichnungsfilter>Selektiver Scharfzeichner**) eine ausgefeiltere Version von Unscharf maskieren. Er erzeugt oft bessere Ergebnisse, ohne die Parameter anpassen zu müssen.**

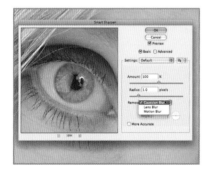  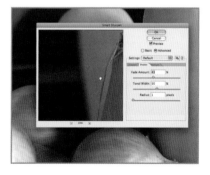

Der Selektive Scharfzeichner besitzt zwei Modi: **Einfach** und **Erweitert**. Im einfachen Modus wählen Sie aus drei verschiedenen Weichzeichnertypen. **Gaußscher Weichzeichner** ist Unscharf maskieren sehr ähnlich. **Tiefenschärfe abmildern** ist für feine Details besser, **Bewegungsunschärfe** versucht Kameraverwacklungen auszugleichen.

Die Hauptregler (**Stärke** und **Radius**) sind mit denen im Unscharfmaskieren-Dialog identisch (Schwellenwert gibt es hier nicht). Im Erweitert-Modus gibt es einige Reiter mehr (**Tiefen** und **Lichter**). Damit können Sie den Schärfe-Effekt in den Tiefen oder Lichtern ausblenden.

Die **Tiefen**-Option ist am sinnvollsten. Starkes Scharfzeichnen erhöht hier das sichtbare Rauschen. Indem Sie die Schärfe in den Tiefenbereichen reduzieren (wo das Rauschen am stärksten ist), können Sie das ganze Bild scharfzeichnen, ohne die Rauschsituation zu verschlechtern.

Scharfzeichnen mit Ebenen

Sicher wollten Sie die Scharfzeichnung auch selektiv einsetzen (nur auf die Augen z.B.) oder nicht-destruktiv anwenden. Die Smart-Filter seit CS3 sind dazu ideal, aber nicht die einzige Option und es gibt jede Menge Alternativen, die auch bei älteren Versionen funktionieren.

Am einfachsten ist es vermutlich, eine Ebene zu duplizieren und diese scharfzuzeichnen. Sie können dann eine Ebenenmaske hinzufügen (die Bereiche maskieren, die nicht scharfgezeichnet werden sollen) und die Deckkraft der scharfgezeichneten Ebene verringern, um den Effekt generell zu relativieren. Anspruchsvoller ist das Hochpass-Scharfzeichnen (S. 68).

Am einfachsten ist das nicht-destruktive, selektive Scharfzeichnen an einem Ebenenduplikat mit Maske auszuführen.

SMART-FILTER (CS3+)

Photoshop CS3 erlebte das Debüt der Smart-Filter (Filter, die nach der Anwendung noch verändert werden können). Rechtsklicken Sie auf eine Ebene und wählen Sie **In Smart Objekt konvertieren.**

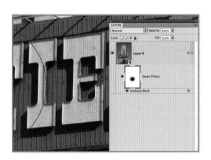

In der Ebenen-Palette sehen Sie, dass der Smart Filter an die Ebene gebunden ist und eine Maske besitzt, so dass Sie die Schärfeeffekte wegmalen können. Sie können die Maske löschen – oder auch den Filter selbst.

Wenden Sie jetzt den Unscharfmaskieren-Filter (oder einen anderen Filter) an. Wählen Sie die gewünschten Einstellungen, aber sorgen Sie sich nicht zu sehr – der Filter ist nicht-destruktiv.

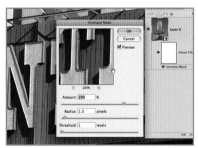

Doppelklicken Sie auf den Filternamen, um die Einstellungen zu ändern. Sie können auch die Deckkraft und die Füllmethode des Filters ändern, indem Sie das kleine Regler-Icon rechts vom Namen doppelklicken.

Kreativ scharfzeichnen

Wie meistens in Photoshop können Sie interessante Effekte erzielen, indem Sie die Regeln brechen. Einen schnellen, kontrastreichen Effekt erzielen Sie, indem Sie die Stärke auf 500% und den Radius auf über 10 Pixel erhöhen.

Lokale Kontrastaufbesserung

Mit Unscharf maskieren können Sie Dunst reduzieren und den Kontrast lokal erhöhen, ohne feine Lichter- oder Tiefendetails zu zerstören (die verloren gehen, wenn Sie den Kontrast erhöhen). Verwenden Sie eine Stärke zwischen 10–25 und einen Radius um die 50 Pixel (Schwellenwert 0). Das Bild wird zwar nicht schärfer, sieht aber oftmals deutlich besser aus.

HOCHPASS-SCHARFZEICHNEN

**Eine alternative, nicht-destruktive Möglichkeit der Scharfzeichnung mit Ebenen – viele
Fotografen schwören darauf: Hochpass-Scharfzeichnen. So geht's.**

Duplizieren Sie Ihr Bild zuerst in eine neue Ebene (Strg-J / ⌘-J).

Ändern Sie die Füllmethode der oberen Ebene in **Ineinanderkopieren**.

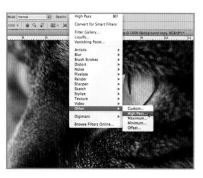

Wählen Sie den **Hochpass**-Filter (Filter>Sonstige Filter>Hochpass).

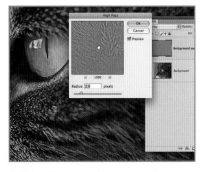

Wählen Sie in der Hochpass-Dialogbox einen Radius, der zu den Details in Ihrem Bild passt. Ein kleiner Radius ist gut für die feinen Details geeignet, das Fell, in dieser Aufnahme.

Klicken Sie auf OK, um den Hochpass-Filter anzuwenden. Sie können die Stärke der Scharfzeichnung verfeinern, indem Sie die Deckkraft der oberen Ebene reduzieren.

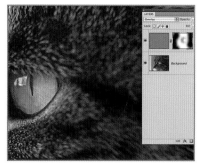

Da es sich um eine separate Ebene handelt, können Sie eine Ebenenmaske hinzufügen (S. 38-43). Damit können Sie den Effekt in bestimmten Bereichen reduzieren oder entfernen.

Mittlerweile sind Sie bestimmt begeistert, dass es mehr Scharfzeichnungsmöglichkeiten gibt als Scharfzeichnen oder Stärker scharfzeichnen aus dem Menü Filter>Scharfzeichnungsfilter. Wenn Sie hier etwas lernen, dann hoffentlich das, dass es keine Universaleinstellungen für die besten Ergebnisse und für jedes Bild gibt; welche Scharfzeichnung Sie auch verwenden, Sie müssen sie immer an die Bedürfnisse des jeweiligen Bildes anpassen.

Abgesehen davon, dass die Scharfzeichnungseinstellungen an das Bild angepasst werden müssen, an dem Sie gerade arbeiten, gibt es nur wenige wichtige Dinge, die Sie sich merken sollten.

Zum einen muss der Radius an die Details im Bild angepasst werden – ist er zu groß, verlieren Sie Bilddetails. Zweitens sollten Sie die Scharfzeichnung immer zum letzten Schritt Ihrer Bildbearbeitung machen. Das ist vor allem dann wichtig, wenn Sie die

Bildgröße verändern oder ein Bild drucken wollen (bei kleinen Abzügen sollten Sie zuerst die Bildgröße reduzieren und dann scharfzeichnen).

Merken Sie sich schließlich, dass es viele Techniken und Werkzeuge gibt, um ein Bild selektiv zu schärfen, um Störungen nicht zu verstärken oder Hautfarben und -struktur vor dem Schärfen zu schützen.

WICHTIGE KORREKTUREN:
FREISTELLEN UND AUSRICHTEN

Ob Sie eine Komposition verbessern, unerwünschte Elemente entfernen oder einen schiefen Horzont korrigieren wollen, das Freistellungswerkzeug hilft.

Das Freistellungswerkzeug ist vielleicht das einfachste Werkzeug in Photoshop, mit Sicherheit aber eines der leistungsstärksten, denn es kann ein mittelmäßiges Foto in ein Meisterwerk verwandeln und auch

kaum vielversprechende Fotos vor der Tonne retten. Die Ränder eines Bildes zu beschneiden, kann es retten oder vernichten. Das Freistellungswerkzeug in Photoshop (C) ist überraschend stark: Es

kann drehen, die Größe anpassen, freistellen und ein Bild verzerren - alles mit einem Klick. Sie werden es oft einsetzen, schauen Sie es sich also genauer an.

MIT DEM FREISTELLUNGSWERKZEUG ARBEITEN

Aktivieren Sie das Freistellungswerkzeug (oder drücken Sie die Taste C), klicken und ziehen Sie damit, um den freizustellenden Bereich festzulegen. Sie können dessen Größe später ändern, indem Sie hineinklicken und an den Griffen ziehen.

Sie können den Freistellungsrahmen auch drehen. Stellen Sie den Cursor außerhalb des Rahmens in die Nähe eines Griffs und Sie sehen, dass sich das Icon in einen Doppelpfeil ändert. Sie bewegen den Rahmen, indem Sie hineinklicken und ziehen.

Wenn Sie jetzt klicken und ziehen, dreht sich der Bereich. So können Sie den Horizont gerade ausrichten.

Um die Freistellung zu bestätigen, drücken Sie Enter oder doppelklicken in den Rahmen.

Klicken Sie auf die Option **Perspektive bearbeiten**, dann können Sie die Ecken ziehen und einen nichtrechteckigen Rahmen erstellen.

So korrigieren Sie perspektivische Verzerrungen auf einen Klick - perfekt für stürzende Linien an Gebäuden.

FREISTELLUNGSWERKZEUG-OPTIONEN

Wenn der Rahmen aktiv ist, kann die Überlagerung (die die Bereiche anzeigt, die abgeschnitten werden) in Farbe und Deckkraft geändert werden.

Sie können Höhe, Breite und Auflösung der Freistellung einstellen, bevor Sie das Werkzeug benutzen - sinnvoll, um ein Bild vor dem Druck in der Größe anzupassen.

Bei aktivem Freistellungsrahmen können Sie festlegen, dass die abgeschnittenen Bereiche nur ausgeblendet, statt gelöscht werden. Das heißt, die Bereiche außerhalb der Freistellung sind nicht verloren.

VOR DEM FREISTELLEN AUSRICHTEN

Wie immer gibt es mehrere Möglichkeiten, ein Bild auszurichten - manche sind akkurater, als visuell mit dem Freistellungswerkzeug zu arbeiten.

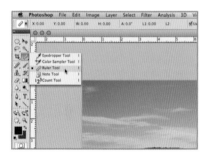

Um einen Horizont perfekt auszurichten, müssen Sie den Winkel messen. Dazu brauchen Sie das Messwerkzeug (unter der Pipette in der Werkzeugpalette). Öffnen Sie mit F8 auch die Info-Palette.

Zeichnen Sie mit dem Messwerkzeug eine Linie entlang des schiefen Horizonts (hier rot). Der Winkel wird in der Info-Palette angezeigt.

Wählen Sie jetzt Bild>Arbeitsfläche drehen> Per Eingabe.... Wenn Sie seit dem letzten Schritt nichts getan haben, ist der Winkel bereits für Sie eingetragen, andernfalls verwenden Sie den Wert aus der Info-Palette. Klicken Sie auf OK.

Der Horizont ist nun, wie er sein sollte - horizontal. Und verwenden Sie das Freistellungswerkzeug, um die weißen Ränder zu entfernen.

Nicht fixierte Ebenen können Sie auch mit dem Transformieren-Befehl drehen (Bearbeiten> Transformieren>Drehen oder Bearbeiten>Frei transformieren).

Wenn Sie ein Bild so drehen, sollten Sie kurzzeitig das Raster einschalten, (Ansicht>Einblenden>Raster). Sie können das Raster auch mit dem Freistellungswerkzeug verwenden.

KAPITEL 5
HÄUFIGE BEARBEITUNGEN

Sie sind jetzt mit den nützlichsten Werkzeugen und Techniken von Photoshop vertraut. Es wird also Zeit, die Theorie in die Praxis umzusetzen und echte Projekte zu bearbeiten. Hier lernen Sie einige Bearbeitungen und Korrekturen, die Sie als Digitalfotograf kennen sollten. Außerdem verrate ich Ihnen ein paar Tipps zu einigen fortgeschrittenen Werkzeugen in Photoshop.

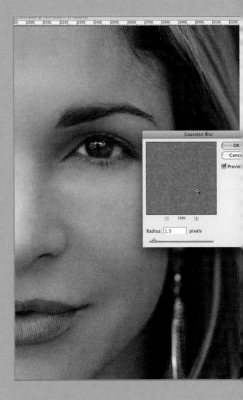

Obwohl Photoshop für sämtliche Aufgaben von Grafiken für Computerspiele und Spezialeffekten für Kinofilme bis hin zu forensischen Bildanalysen – und alles, was dazwischen liegt – verwendet wird, steht dieses Programm doch eher als Synonym für das Bearbeiten und Korrigieren von Fotos.

Wir haben uns bereits Helligkeits-, Kontrast-, Schärfe-, Farb- und Freistellungskorrekturen angesehen – die Grundlagen der digitalen Dunkelkammer –, Photoshop ist jedoch noch zu viel mehr in der Lage. Auch wenn es keinen Ersatz für eine perfekte Aufnahme gibt, ist das in der Wirklichkeit doch nur selten der Fall bzw. nur selten möglich. Mit etwas Hilfe von Photoshop lässt sich eine mittelmäßige Aufnahme in etwas wirklich Besonderes verwandeln.

Aufgrund der unglaublich vielen Möglichkeiten, die in Photoshop zur Verfügung stehen, ist es hier leider nur möglich, lediglich etwas an der Oberfläche zu kratzen. Ich hoffe jedoch, dass Ihnen die folgenden Projekte einen Anfang für die Bearbeitung eigener Fotos bieten, so dass Sie mit den häufigsten Problemen umgehen können.

SCHRITT-FÜR-SCHRITT: TRÜBE TAGE AUFHELLEN
 10 MINUTEN
LEICHT

Beginnen Sie hier

 Für dieses einfache Projekt sollten Sie sich mit Ebenen und Masken auskennen. Es funktioniert in jeder Photoshop-Version.

 Siehe auch:
Einstellungsebenen: S. 44
Tonwertkorrektur & Histogramm: S. 48
Farbton/Sättigung: S. 60
Ebenen & Masken: S. 29-46

Ein trüber Tag ist ein Desaster für einen Fotografen; sehen Sie hier, wie Sie das Beste aus diesen Fotos herausholen.

Wir haben es alle schon einmal getan: einen Tagesausflug gemacht, um ein paar schöne Aufnahmen zu schießen und dann wurden wir vom schlechten Wetter überrascht. Ich zeige Ihnen hier, wie Sie trübe Aufnahmen schnell korrigieren – inklusive der Digitalversion eines altbekannten Verlaufsfilters.

Original

Ergebnis

Schritt 01

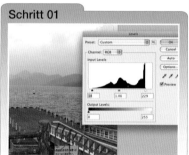

Korrigieren wir zunächst den Kontrast. Das genaue Vorgehen unterscheidet sich natürlich von Bild zu Bild; hier nutze ich eine **Tonwertkorrektur** (Strg-L / ⌘-L), um den Weiß- und den Schwarzpunkt einzustellen (s. S. 49).

Schritt 02

Hier nutze ich **Gradationskurven** (Strg-M / ⌘-M), um den Kontrast der Tiefen und Mitteltöne zu verstärken, gleichzeitig aber die Lichter zu schützen (s. S. 58).

Schritt 03

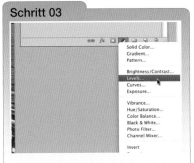

Den Himmel dunkeln wir mit einer Einstellungsebene ab (S. 44). Wählen Sie **Ebene>Neue Einstellungsebene >Tonwertkorrektur** (oder wählen Sie diese Optionen unten aus der Ebenen-Palette).

Schritt 04

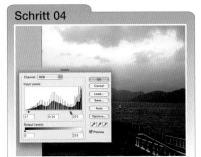

In der Dialogbox verschieben Sie den grauen Regler (Gamma) nach rechts, bis die Wolken deutlich zu sehen sind. Hier zog ich auch den Schwarzpunkt-Regler nach rechts. Das Bild ist insgesamt noch zu dunkel.

Schritt 05

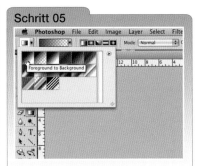

Stellen Sie mit der Taste D die Standard-Vorder- und Hintergrundfarben ein. Aktivieren Sie das **Verlaufswerkzeug** (G) mit dem Verlauf **Vordergrund, Hintergrund** (in der Optionsleiste).

Schritt 06

Aktivieren Sie die Maske der Einstellungsebene (rot markiert). Klicken Sie direkt unter den Horizont und lassen Sie die Maustaste über dem Horizont los. Die untere Bildhälfte wird aufgehellt.

Schritt 07

Den meisten trüben Aufnahmen fehlt Farbe. Verstärken Sie also die Sättigung. Wählen Sie **Bild>Anpassungen>Farbton/ Sättigung** und erhöhen Sie die Sättigung auf +30.

Schritt 08

Für eine Färbung fügen Sie eine Volltonfarbe-Ebene hinzu (**Ebene>Neue Füllebene>Volltonfarbe**) und wählen in der Dialogbox einen Blauton. Ändern Sie die Füllmethode dieser Ebene in **Farbe**.

Schritt 09

Um den Farbeffekt nur auf die obere Bildhälfte anzuwenden, versehen Sie die Ebenenmaske dieser Ebene mit einem Verlauf (wie in Schritt 6). Verringern Sie außerdem die Deckkraft dieser Ebene.

Schritt 10

Verfeinern Sie im letzten Schritt die Tonwerte (hellen Sie hier die Mitteltöne mit einer **Tonwertkorrektur** auf) und wenden Sie den Filter **Unscharf maskieren** an (s. S. 64). Fertig.

Versionsunterschiede

Einstellungsebenen
Photoshop CS4 bietet eine neue Kontrolle der Einstellungsebenen. Die Einstellungs-ebenen selbst funktionieren immer noch gleich, aber die Einstellungen nehmen Sie in der Korrekturen-Palette vor. Diese erscheint, sobald Sie eine Einstellungsebene erstellen.

HÄUFIGE BEARBEITUNGEN:
FLECKEN ENTFERNEN

Von Staubflecken bis Muttermale, von Touristen bis Telefonmasten; es gibt unzählige Dinge, die wir aus unseren Fotos entfernen wollen. Photoshop macht es uns ganz einfach.

Als ich 1992 das erste Mal mit Photoshop arbeitete, war ich wirklich überrascht, als ich den Kopierstempel in Aktion sah. Für erfahrene Künstler, die schon immer Fotos bearbeitet haben, gibt es in der realen Dunkelkammer keinen wirklichen Ersatz für den Kopierstempel und seine nahe Verwandten.

Seine Vorgehensweise ist ganz einfach; mit dem Kopierstempel malen Sie über einen Bereich des Bildes mit Pixeln aus einem ganz anderen Bildbereich (oder gar einem anderen Bild, wenn

Sie wollen). Die Verhaltensweise entspricht der des Pinsels. Sie können Form und Größe der Werkzeugspitze ändern, indem Sie eine der Vorlagen aus der Pinsel-Palette wählen.

Am häufigsten wird der Kopierstempel verwendet, um Flecken oder andere unerwünschte Elemente aus einem Foto zu entfernen. Das gilt für Flecken und Falten in einem Porträt bis hin zu Staub und Kratzern in gescannten Bildern oder Telefonmasten, Touristen, geparkten Autos etc. Photoshops

unglaubliche Leistungsstärke beim Kopieren ermöglicht es Ihnen, Flecken mit nur wenigen Pinselstrichen nahtlos zu entfernen. Die neueren Werkzeuge – Ausbessern-, Reparatur-Pinsel- und Bereichsreparatur-Pinsel-Werkzeug – eignen sich noch besser, um Flecken zu entfernen, denn sie passen die kopierten Pixel automatisch an den Zielbereich an. Auf den nächsten Seiten sehen wir uns alle Kopier- und Reparaturwerkzeuge an und werden sie auch auf ein paar Projekte anwenden.

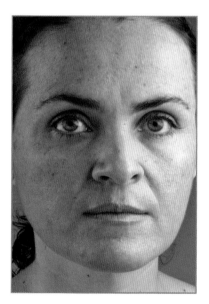

Wir sind nicht alle mit der Haut eines Topmodels gesegnet – selbst Topmodels nicht. Nur wenige wünschen sich ein Porträt mit vielen Flecken, Falten oder dunklen Augenringen.

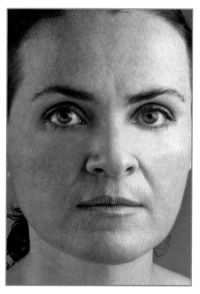

Mit dem Kopierstempel können Sie Pixel aus einem sauberen Bereich aufnehmen und über die Flecken kopieren, ohne Spuren zu hinterlassen.

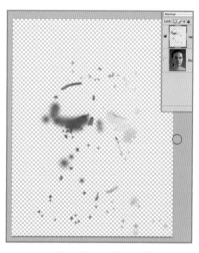

Bei vielen Projekten müssen Sie die Möglichkeit nutzen, von einer Ebene in eine andere zu kopieren. Oben sehen Sie die Ebene, die bei der Bearbeitung des Bildes links entstand.

GRUNDLAGEN DES KOPIERSTEMPELS

Die Idee hinter dem Kopierstempel ist ganz einfach: Malen Sie über einen Bereich (das »Ziel«) mit Pixeln aus einem anderen Bereich (der »Quelle«).

Zunächst müssen Sie die Quellpixel festlegen (die, mit denen Sie malen wollen). Aktivieren Sie in Photoshop den **Kopierstempel** (Taste S) und halten Sie die Alt-Taste (Mac: Option) gedrückt, wenn Sie mit der Maus klicken.

Wenn Sie die Quelle festgelegt haben, klicken und bewegen Sie die Maus wie bei jedem anderen Malwerkzeug. Hier und in den folgenden Beispielen markiere ich die Quelle mit einem roten Kreis und das Ziel mit einem gelben.

Beim Malen wird der Quellbereich mit einem kleinen Fadenkreuz gekennzeichnet. Hier nehme ich einen sauberen Bereich aus dem Himmel auf, um einen Staubfleck meiner digitalen Spiegelreflexkamera zu überdecken.

Je mehr Sie mit dem Kopierstempel arbeiten, desto öfter werden Sie sich auch an schwierigere Aufgaben wagen. Hier habe ich vor, die Person aus dem Bild zu entfernen, ohne Spuren zu hinterlassen.

Mit einer sorgfältigen Auswahl der Quellpunkte (vor allem an den Kanten) ist es möglich, in nahezu jeder Szene überzeugend über ein Objekt zu malen, das Sie entfernen wollen.

Wenn Sie langsam und sorgfältig arbeiten, ist es auch in komplexen Hintergründen wie diesem möglich, unerwünschte Objekte zu entfernen.

Kopierstempel-Optionen

Wie alle Photoshop-Werkzeuge besitzt auch der Kopierstempel verschiedene Optionen – diese finden Sie in der Optionsleiste direkt unter der Menüzeile (oder wählen Sie **Fenster>Optionen**). Für den Kopierstempel finden Sie dort die Optionen Ausgerichtet und Aufnehmen. In älteren Programmversionen gibt es nur die Option Alle Ebenen einbeziehen, in neueren können Sie zwischen der aktuellen, der aktuellen und der darunter liegenden und allen Ebenen wählen. In Dokumenten mit mehreren Ebenen legen Sie so fest, aus welchen Ebenen der Kopierstempel die Pixel aufnimmt. Alle Ebenen wählen Sie für nicht-destruktives Klonen (s. S. 78). Ist die Option Ausgerichtet nicht aktiviert, bleibt die Quelle so lange

erhalten, bis Sie eine neue wählen. Ist die Option aktiviert, hält die Quelle immer einen konstanten Abstand ein. Für welchen Modus Sie sich entscheiden, hängt von den Umständen ab; nicht ausgerichtet eignet sich für große Bereiche mit wenig Originalstruktur, erzeugt jedoch deutliche Muster.

REPARATURWERKZEUGE

Photoshops Reparaturwerkzeuge sind leistungsstark, schnell und einfach anzuwenden und eignen sich, um Schönheitsfehler zu entfernen.

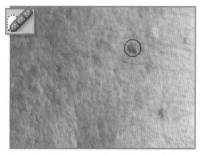

Der **Bereichsreparatur-Pinsel** wird verwendet wie jeder andere Pinsel – stellen Sie Größe und Härte in der Pinsel-Palette ein. Behalten Sie die Quelloption und den Modus **Normal** bei.

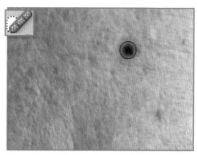

Die zu reparierenden Pixel werden beim Malen schwarz – hier klickte ich einmal mit einer weichen Pinselspitze, die etwas größer war als der Fleck, auf den Fleck.

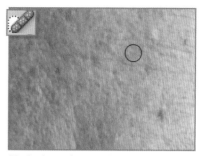

Photoshop nimmt automatisch Quellpixel aus der Nähe auf – mit einfachen Strukturen – und erzeugt fast immer perfekte Ergebnisse.

Sie können mit dem Werkzeug auch malen – toll, wenn Sie Falten oder Telefonkabel entfernen wollen. Hier wählte ich eine Pinselspitze, die nur etwas größer ist als die Linie, die ich entfernen will.

Falls in der Nähe nicht ausreichend saubere Struktur zu finden ist, kann das Werkzeug zu schlechten Ergebnissen führen. Ist die Werkzeugspitze jedoch so klein wie möglich und folgen Sie genau der Linie, dann funktioniert es.

Nach ein paar Sekunden wird der Zauber des Werkzeugs sichtbar – die Falte ist verschwunden. Falls das Werkzeug verwirrt ist und die falschen Quellpixel verwendet, benötigen Sie den **Reparatur-Pinsel**.

Kopierstempel-Tipp

Wiederholungen vermeiden
Das menschliche Auge erkennt Muster und Wiederholungen recht gut – Dinge, die der Kopierstempel unweigerlich erzeugt. Versuchen Sie, Ihre Spuren zu verwischen, indem Sie offensichtliche Muster übermalen und regelmäßig einen neuen Quellpunkt aufnehmen.

Reparaturwerkzeuge

In Photoshop 7.0 wurden die Reparaturwerkzeuge eingeführt (in CS2 kam dann der Bereichsreparatur-Pinsel hinzu). Diese überarbeiteten Versionen des Kopierstempels bieten eine einfache, schnelle und intelligente Möglichkeit, Flecken mit nur einem Klick zu entfernen.

Auch wenn sie ähnlich funktionieren wie der Kopierstempel, ersetzen sie die Pixel nicht einfach durch die aufgenommenen Pixel. Stattdessen passen sie Struktur, Beleuchtung und Schattierung des Ziels mit der Quelle an, um eine nahtlose Überblendung zu erzeugen. Das funktioniert ganz gut. Oben sehen Sie, was die Werkzeuge alles können.

Der Bereichsreparatur-Pinsel eignet sich gut für kleine Flecken – z.B. Staub – mit gleichmäßiger

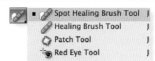

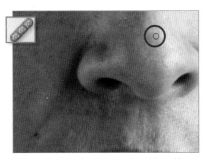

Wie beim Kopierstempel wählen Sie auch beim **Reparatur-Pinsel** die Quelle mit gedrückter Alt/Option-Taste aus.

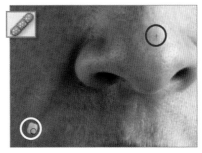

Malen Sie über den Fleck; es erscheinen die Quellpixel.

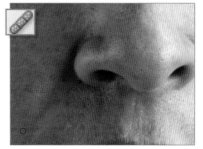

Sobald Sie die Maustaste loslassen, blendet Photoshop die Quellpixel automatisch in Tonwert und Farbe des Zielbereichs über. Das Ergebnis ist nahtlos.

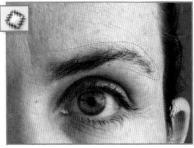

Um das **Ausbessern-Werkzeug** zu nutzen, müssen Sie zunächst eine Auswahl um den Fleck erstellen, den Sie entfernen wollen (ich nutze hier die Augenbraue als etwas dramatisches Beispiel).

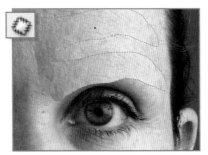

Ziehen Sie die Auswahl auf einen Bereich, den Sie als Quelle verwenden wollen. Wie Sie oben sehen, erscheinen die Quellpixel innerhalb der Originalauswahl. Lassen Sie die Maustaste los.

Der ausgewählte Bereich wird gefüllt, die Tonwerte perfekt angepasst. Mit der **Zieloption** können Sie die Funktionsweise des Werkzeugs umkehren (um die Quellpixel auf den Fleck zu ziehen).

Struktur (z.B. Haut oder Himmel). Sie müssen nicht mit gedrückter Alt/Option-Taste klicken (das Werkzeug sucht sich die Quelle selbst) – ein Klick reicht aus und die Reparatur ist fertig. Der Reparatur-Pinsel wird wie der Kopierstempel verwendet (legen Sie mit gedrückter Alt/Option-Taste die Quelle fest). Das Ausbessern-Werkzeug ist eine Kombination aus Reparatur-Pinsel und Lasso und eignet

sich für größere Flecken. Die Reparaturwerkzeuge sind eigentlich die erste Wahl, um Flecken zu entfernen, aber wie bei allen automatischen Werkzeugen kann es auch hier mal vorkommen, dass sie nicht funktionieren – wechseln Sie dann wieder zum Kopierstempel. Sehen Sie sich auch die verschiedenen Optionen für die Werkzeuge an; aber die Standardeinstellungen funktionieren meist ganz gut.

Kopierstempel-Tipp

Der Kopierstempel funktioniert wie der Pinsel, also können Sie auch dessen Form, Größe und Härtegrad in der Pinsel-Palette einstellen. Für Detailbereiche verwenden Sie eine kleinere, härtere Pinselspitze; für ausladendere Bereich kann diese größer und weicher sein.

Mit den Tasten Ö und # ändern Sie die Größe und mit **Shift-[/ Shift-]** die Härte der Pinselspitze.

UNERWÜNSCHTE ELEMENTE ENTFERNEN
 40 MINUTEN
 MITTEL

Nachdem Sie die Kopier- und Reparatur-Werkzeuge kennengelernt haben, hier eine kleine Kopierübung.

BEGINNEN SIE HIER

 Hier nutzen wir nur zwei Werkzeuge: den Kopierstempel (Taste S) und, falls Sie einen Fehler machen, den Radiergummi (Taste E). Sie sollten sich mit Ebenen und Pinseln auskennen.

 Siehe auch:
Flecken entfernen: S. 74
Ebenen: S. 30

Beim Entfernen des unschönen Drahtzaunes müssen Sie auf viele Details achten – Ihre Kopierfähigkeiten werden jetzt also auf den Prüfstand gestellt. Das Tolle ist jedoch, dass wir nur ein einziges Werkzeug brauchen: den Kopierpinsel.

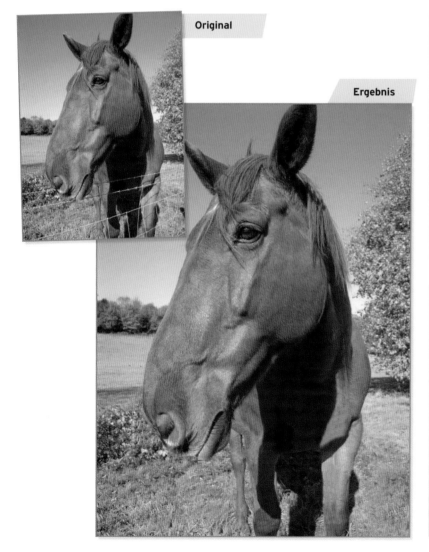

Original

Ergebnis

Schritt 01

Für eine solche Aufgabe benötigen wir eine extra Kopierebene. Erstellen Sie also eine neue Ebene (**Ebene>Neu>Ebene**). Aktivieren Sie diese neue Ebene, indem Sie sie in der Ebenen-Palette anklicken.

Schitt 02

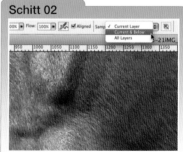

Aktivieren Sie den Kopierstempel (S). Wählen Sie in der Optionsleiste die Aufnahme-Option **Aktuelle Ebene & darunter** (*vor CS3:* **Alle Ebenen aufnehmen**).

Schritt 03

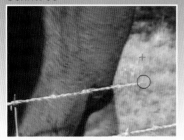

Wir beginnen mit den einfachen Bereichen – wo sich nur Gras hinter dem Zaun befindet. Legen Sie mit einer kleinen, weichen Werkzeugspitze und gedrückter Alt/⌥-Taste eine Quelle fest. Malen Sie über den Draht.

Schritt 04

Es entstehen schnell sich wiederholende Muster (bei immer derselben Quelle).
Malen Sie deshalb über die meisten Stellen noch ein zweites Mal.

Schritt 05

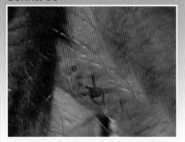

Zoomen Sie auf 100% hinein und nutzen Sie für schwierige Stellen eine ganz kleine Werkzeugspitze. Falls Sie einen Fehler machen, aktivieren Sie den **Radiergummi** (E) und löschen die falschen Pixel.

Schritt 06

Vergessen Sie nicht, dass Sie auf einer separaten Ebene arbeiten – wenn Sie diese ausblenden, sehen Sie jederzeit das Originalbild.

Schritt 07

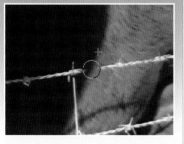

Geben Sie an Kanten besonders Acht. Sie müssen mit gedrückter Alt/Option-Taste in die richtige Stelle klicken (direkt auf die Kante) und vielleicht brauchen Sie ein paar Anläufe, bis es klappt.

Schritt 08

Wenn Sie mit dem Ergebnis zufrieden sind, reduzieren Sie die Ebenen (Ebene>Auf Hintergrundebene reduzieren) und speichern das Dokument als neue Datei.

Kurzer Tipp

Kopierquelle
Seit Photoshop CS3 gibt es eine neue Funktion, mit der Sie eine Vorschau der Quelle als Überlagerung sehen können, bevor Sie damit malen. Präzises Ausrichten wird dadurch noch einfacher. Wählen Sie Ansicht>Kopierquelle und aktivieren Sie die Option **Überlagerung anzeigen**. Sie können auch Skalierung, Drehung und Versatz ändern.

Photoshop CS4 macht es Ihnen noch einfacher; aktivieren Sie die Option **Beschnitten** und die Quellpixel-Vorschau erscheint nur innerhalb des Pinselbereichs.

Tastenkürzel

Kopierstempel	S
Radiergummi	E
Pinselspitze vergrößern	#
Pinselspitze verkleinern	ö
Härtegrad erhöhen	⇧ – #
Härtegrad verringern	⇧ – ö
Neue Ebene erstellen	⌘ ⇧ – N / Ctrl ⇧

PERFEKTE HAUT GANZ SCHNELL

 40 MINUTEN

FORTGESCHRITTEN

BEGINNEN SIE HIER

 Hier geht es mehr um den Umgang mit der Maus, als um spezielle Photoshop-Werkzeuge oder Techniken. Sie sollten sich mit Ebenen, Masken und Pinseln auskennen.

 Siehe auch:
Flecken entfernen: S. 74
Ebenen und Masken: S. 29-46

Dank einer relativ einfachen Photoshop-Überarbeitung kann jeder eine perfekte Haut haben.

Haben Sie sich schon einmal gefragt, wie es kommt, dass Stars und Sternchen auf Zeitschriftentiteln und in Werbeanzeigen so aussehen, als hätten sie die Haut eines Neugeborenen? Die Antwort ist, dass sie mithilfe von Photoshop vollständig überarbeitet wurden. Hier lernen Sie, wie Sie dieselben Ergebnisse mit eigenen Porträts erzielen. Es ist nicht zu kompliziert und zeitintensiv.

Original

Ergebnis

Schritt 01

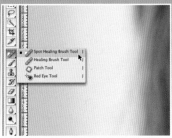

Entfernen Sie zunächst die offensichtlichsten Makel (Pixel, Falten, abstehende Haare etc.). Ich beginne hier mit dem **Bereichsreparatur-Pinsel** in eher kleineren Bereichen.

Schritt 02

Arbeiten Sie sich durch das Bild (zoomen Sie hinein) und entfernen Sie die deutlichsten Makel. Hier bearbeitete ich die Augenbraue mit dem **Reparatur-Pinsel**.

Schritt 03

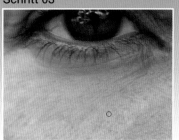

Entfernen Sie mit dem Reparatur-Pinsel auch tiefe Falten. Sie müssen nicht perfekt arbeiten; nur die ganz offensichtlichen Schönheitsfehler sollten entfernt werden.

Schritt 04

Hier sehen Sie das Bild nach der ersten groben Retusche. Die dunklen Bereiche unter den Augen besserte ich mit dem **Ausbessern-Werkzeug** aus. Duplizieren Sie nun die Hintergrundebene (Strg-J / ⌘-J).

Schritt 05

Aktivieren Sie die Ebenenkopie und wählen Sie Filter>Weichzeichnungsfil ter>Gaußscher Weichzeichner. Wenn Sie mit Version CS2 oder höher arbeiten, können Sie auch mit einer Smart-Ebene arbeiten (siehe Kasten).

Schritt 06

Wählen Sie den **Radius** groß genug, um die gesamte Hautstruktur zu entfernen – das hängt von der Bildgröße ab und kann zwischen 30 und 70 Pixel liegen.

Schritt 07

Fügen Sie zur weichgezeichneten Ebene eine **Ebenenmaske** hinzu, indem Sie unten in der Ebenen-Palette auf das Masken-Icon klicken.

Schritt 08

Klicken Sie auf die Miniatur der Ebenenmaske und stellen Sie Schwarz als **Vordergrundfarbe** ein (drücken Sie die Taste D). Malen Sie auf der Maske über die Bereiche, die scharf erscheinen sollen – ruhig recht lose, verfeinert wird es später.

Smart-Ebenen

CS2 CS3 CS4

Smart-Filter-Technik
Ab Photoshop CS2 können Sie diese Technik auch nicht-destruktiv auf einer Ebene anwenden.

Klicken Sie auf die Hintergrundebene und wählen Sie **In Smart Objekt konvertieren**.

Wenden Sie den Gaußschen Weichzeichner wie in den Schritten 05 und 06 an. In der Ebenen-Palette erscheint eine Ebenenmaske.

Bearbeiten Sie diese Maske mit dem Pinsel wie in den Schritten 08 bis 11.

Der Vorteil dabei ist, dass Sie die Einstellungen des Filters jederzeit bearbeiten und auch die Deckkraft anpassen können. Klicken Sie auf das Symbol rechts neben der Ebenenmaske, um die Füll- und Deckkraftoptionen des Filters einzublenden. Wenn Sie doppelt auf den Filternamen klicken, öffnet sich die Filter-Dialogbox.

Schritt 09

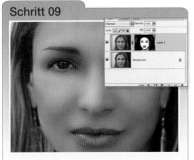

Nachdem Sie auf der Maske gemalt haben, sollte Ihr Bild in etwa so aussehen; die Hautbereiche sind ganz glatt. Die Kanten sind zu weich, weshalb wir die Maske auf der oberen Ebene noch etwas bearbeiten müssen.

Schritt 10

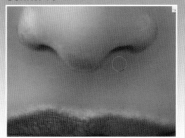

Zoomen Sie ins Bild und verkleinern Sie die Pinselspitze. Malen Sie mit Schwarz entlang der Kanten, um dort die darunter liegende Ebene einzublenden; mit Weiß malen Sie für die weichgezeichnete Ebene.

Schritt 11

Arbeiten Sie sich durch das Bild, um es so sauber wie möglich zu machen. Geben Sie Acht – und nutzen Sie einen kleineren Pinsel –, wenn Sie sich in der Nähe der Augenbrauen und Wimpern befinden.

Schritt 12

Wenn Sie keine Plastikpuppe erzeugen wollen (auch wenn das bei manchen Models so aussieht), sollten Sie nicht weiter gehen – die Problembereiche (um die Augenbrauen und Wimpern) werden bald verschwinden.

Schritt 13

Um die Hautstruktur realistischer erscheinen zu lassen, verringern Sie die Deckkraft der oberen Ebene auf einen Wert zwischen 40 und 65% (hier 55%), damit ein Teil der Originalstruktur durchscheint.

Schritt 14

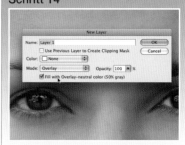

Für eine gleichmäßige Struktur wählen Sie **Ebene>Neu>Ebene**. In der Dialogbox aktivieren Sie den Modus **Ineinanderkopieren** sowie die Checkbox **Mit neutraler Farbe ...** . Klicken Sie anschließend auf OK.

Technik-Tipp: Weiße Zähne

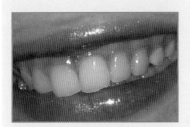

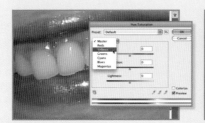

Alle wollen auf Fotos weiß strahlende Zähne sehen. Zum Glück ist es ganz einfach, gelbe Zähne in Photoshop zu korrigieren. Erstellen Sie eine Auswahl der Zähne.

Wählen Sie anschließend **Bild>Korrekturen>Farbton/ Sättigung** und wählen Sie aus dem Bearbeiten-Popup-Menü die Option **Gelbtöne**.

Reduzieren Sie dann die **Sättigung** auf -100 (keine Angst, das bleibt nicht so).

Schritt 15

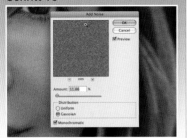

Aktivieren Sie die neue Ebene und wählen Sie **Filter>Rauschfilter> Rauschen hinzufügen**. Wählen Sie einen Betrag von 10–15% sowie die Optionen **Gaußscher Weichzeichner** und **Monochrom**. Das Rauschen erscheint als Überlagerung.

Schritt 16

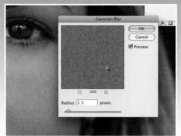

Für einen weniger körnigen Effekt wenden Sie nun einen leichten Gaußschen Weichzeichner (**Filter>Weichzeichnungsfilter >Gaußscher Weichzeichner**) mit 1 oder 2 Pixel an.

Kurzer Tipp

Hautfarben angleichen

Mit der Methode aus Schritt 18 lassen sich auch ungleichmäßige Hauttöne ausgleichen. Erstellen Sie einfach eine transparente Ebene im Modus Farbe und mit 50% Deckkraft. Malen Sie mit dem gewünschten Hautton auf der Ebene.

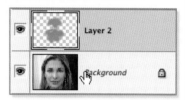

Schritt 17

Reduzieren Sie nun die Deckkraft der Rauschebene, bis Ihnen der Effekt gefällt (der Wert hängt davon ab, wie Ihr Bild nach Schritt 13 ausgesehen hat).

Schritt 18

Für etwas Make-up erstellen Sie eine neue, leere Ebene und ändern deren Füllmethode in **Farbe**. Für die Deckkraft wählen Sie 50%. Malen Sie mit einem weichen Pinsel in der gewünschten Farbe in das Bild.

Röte reduzieren

Egal, ob auf Trockenheit, Sonnenbrand oder die Lichtbedingungen zurückzuführen, rote Haut schmeichelt einem Bild nicht.

Um die Röte etwas zu entfernen, wählen Sie Bild>Korrekturen> Farbton/Sättigung und aktivieren die **Rottöne**. Verschieben Sie den Farbtonregler etwas nach rechts (um ein wenig mehr Gelb hinzuzufügen) und verringern Sie die Sättigung, bis die Haut natürlicher aussieht.

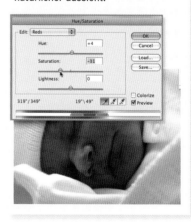

Um die Farbauswahl für die Zähne einzugrenzen, nutzen Sie die Regler ganz unten in der Dialogbox. Experimentieren Sie, bis das Zahnfleisch nicht mit eingefärbt wird.

Reduzieren Sie anschließend die **Helligkeit** und erhöhen Sie die Sättigung, bis die Zähne natürlich aussehen.

PORTRÄTKORREKTUR: ROTE AUGEN ENTFERNEN

 5 MINUTEN

LEICHT

BEGINNEN SIE HIER

 Ab Photoshop CS2 sind für das Entfernen roter Augen nur ein oder zwei Klicks notwendig. Die Schritte 03 bis 06 beziehen sich auf frühere Versionen, in denen es die automatische Funktion noch nicht gab.

 Siehe auch:
Farbton/Sättigung: S. 60
Tonwertkorrektur & Histogramme: S. 48

Hier lernen Sie, ein häufiges Porträtproblem zu korrigieren: rote Augen, die durch den Blitz entstehen.

Rote Augen sind ein Problem von Kompaktkameras, die selbst Engel in Dämonen verwandeln. Neuere Photoshop-Versionen bieten eine Ein-Klick-Methode, in älteren Versionen gibt es eine ganz einfache alternative Technik, für die ein paar mehr Klicks notwendig sind.

Schritt 01

In Photoshop CS2 oder später finden Sie das **Rote-Augen-Werkzeug** (klicken Sie auf den **Reparatur-Pinsel** und wählen Sie aus dem Menü das Rote-Augen-Werkzeug aus).

Schritt 02
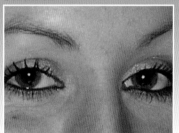

Klicken Sie mit dem Werkzeug einfach in die roten Augen; der Rest geschieht automatisch. Ist das Ergebnis nicht wie erwartet, widerrufen Sie den Schritt und ändern Sie die **Pupillengröße** in der Optionsleiste.

Schritt 03

In früheren Versionen gibt es verschiedene Möglichkeiten, rote Augen zu entfernen; hier mein Favorit. Erstellen Sie mit der **Auswahlellipse** eine Auswahl der Pupille und wenden Sie eine weiche Auswahlkante an.

Schritt 04

Wählen Sie Bild>Anpassungen> Farbton/Sättigung und aktivieren Sie im Menü die **Rottöne**. Den Farbbereich verfeinern Sie, indem Sie in das rote Auge im Bild klicken.

Schritt 05

Ziehen Sie den Sättigungsregler auf -100. Dadurch werden alle Spuren einer roten Pupille entfernt.

Schritt 06

Um die Pupille abzudunkeln, wählen Sie Bild>Anpassungen>Tonwertkorrektur und verschieben den mittleren (grauen) Regler nach rechts, bis Ihnen das Ergebnis gefällt.

KAMERAKORREKTUR: FARBRÄNDER

🕐 5 MINUTEN
📊 LEICHT

Falls Sie Farbränder im Bild entdecken, keine Angst; das ist eine ganz einfache Aufgabe für Photoshop.

BEGINNEN SIE HIER

 Bei dieser Technik arbeiten Sie mit Einstellungsebenen und Masken und sollten sich mit Farbton/Sättigungsenstellungen auskennen.

 Siehe auch:
Farbton/Sättigung: S. 60
Ebenen & Masken: S. 29-46
Camera Raw Grundlagen: S. 154

Viele Digitalkameras leiden an einem optischen Effekt, der Farbränder (in der Regel violett) an kontrastreichen Kanten erzeugt (z.B. Blätter im Gegenlicht, siehe unten). Sie können diese Farbränder nicht vollständig entfernen, aber deutlich minimieren - und das in wenigen Minuten.

Schritt 01

Erstellen Sie eine neue Farbton/Sättigung-Einstellungsebene (unten in der Ebenen-Palette oder wählen Sie Ebene>Neue Einstellungsebene>Farbton/Sättigung).

Schritt 02

Da Sie violette Farbränder reduzieren wollen, wählen Sie aus dem Popup-Menü **Magentatöne**. Sämtliche Änderungen wirken sich nur auf diesen Farbbereich aus.

Schritt 03

Um den Farbbereich perfekt an die Farbränder anzupassen, klicken Sie in einen Farbrand im Bild.

Schritt 04

Reduzieren Sie nun die Sättigung, bis die Ränder verschwunden sind (bzw. die Farbe aus ihnen entfernt wurde).

Schritt 05

Gibt es andere violette Bereiche im Bild, in denen Sie die Farbe nicht entfernen wollen, malen Sie mit Schwarz auf der Ebenenmaske der Einstellungsebene.

Kurzer Tipp

Um Chromatische Aberrationen zu entfernen, klicken Sie in Bridge mit der rechten Maustaste auf das Bild und wählen **In Camera Raw öffnen**. Blenden Sie die Objektivkorrekturen ein und verschieben Sie den entsprechenden Regler (s.S. 156).

KAMERAKORREKTUR: RAUSCHREDUZIERUNG

 5-10 MINUTEN
MITTEL

Bildrauschen - digitale Körnung - ist früher oder später ein Problem für alle Digitalkamerabesitzer.

BEGINNEN SIE HIER

Die Rauschreduzierung ist keine Stärke von Photoshop; im Ernstfall gibt es bessere Lösungen (z.B. Noise Ninja). In Photoshop müssen Sie einfach die besten Einstellungen für Ihre Kamera finden.

Siehe auch:
Camera Raw Grundlagen: S. 156

Digitalkamerarauschen tritt in zwei Formen auf: Luminanzrauschen (die Details im Bild sehen körnig aus) und Chroma-Rauschen (im Bild erscheinen wahllos Punkte und Flecken - Letzteres ist das größere Problem von beiden). Das Farbrauschen sieht unnatürlich aus und ist in relativ kleinen Ausdrucken deutlich sichtbar. Wenn Sie Luminanzrauschen entfernen wollen, verringern Sie auch die Bilddetails - und das ist eher unerwünscht. Aus diesem Grund konzentrieren wir uns hier zunächst auf das Farbrauschen.

Photoshop CS2 führte einen Rauschreduzierungsfilter ein (**Filter>Rauschen>Rauschen reduzieren**), der einen wirklich guten Job macht und - wenn Sie die erweiterten Optionen aktivieren - auf einzelne Farbkanäle angewendet werden kann. Sie können Luminanz- und Chroma-Rauschen separat korrigieren. Wenn Sie mit einer älteren Version von Photoshop arbeiten - oder mehr Kontrolle wünschen - versuchen Sie es mit der unten beschriebenen Technik.

Um den Filter **Rauschen reduzieren** nur auf das Farbrauschen anzuwenden, stellen Sie die maximale **Stärke** ein, für **Details erhalten** einen Wert zwischen 80-100% und für **Farbrauschen reduzieren** 100%. Minimale Details gehen verloren.

FARBRAUSCHEN MIT DEM LAB-MODUS REDUZIEREN

Schritt 01

Wenn Sie Farbrauschen reduzieren aber nicht zu viele Details verlieren wollen, wechseln Sie in den Lab-Modus (**Bild>Modus>Lab-Farbe**). Diese Technik eignet sich für ältere Photoshop-Versionen. Öffnen Sie die Kanäle-Palette (**Fenster>Kanäle**), falls sie nicht zu sehen ist.

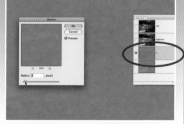
Schritt 02

Klicken Sie in der Kanäle-Palette auf den **a**-Kanal und wählen Sie **Filter>Störungsfilter>Helligkeit interpolieren**. Wählen Sie einen Radius zwischen 4 und 10 Pixel (je nachdem, wie stark das Rauschen ist). Wiederholen Sie den Schritt für den **b**-Kanal und zeichnen Sie den **Helligkeitskanal** scharf.

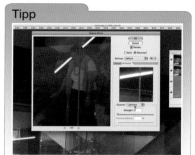
Tipp

Sie können im Lab-Modus auch den Filter **Rauschen reduzieren** anwenden. Mit der **erweiterten Option** können Sie die Farbkanäle (**a** und **b**) unterschiedlich bearbeiten und den Helligkeitskanal unangetastet lassen.

WEISSABGLEICH MIT GRADATIONSKURVEN
5 MINUTEN
FORTGESCHRITTEN

Unerwünschte Farbstiche intelligent entfernen.

BEGINNEN SIE HIER

Hier lernen Sie eine Methode, die Sie anwenden können, wenn keines der automatischen Werkzeuge funktioniert. Wenn Sie im Raw-Format fotografieren, korrigieren Sie den Weißabgleich lieber bei der Entwicklung der Datei.

Siehe auch:
Gradationskurven: S. 54
Camera Raw: S. 153

Die automatischen Farbkorrekturwerkzeuge in Photoshop funktionieren gut, sind aber bei Wweitem nicht idiotensicher. Wenn nichts hilft, können Gradationskurven Farbstiche entfernen und Weißabgleiche korrigieren, indem Sie die Zielgrößen eingeben – ohne sich auf die Anzeige Ihres Monitors zu verlassen.

Schritt 01

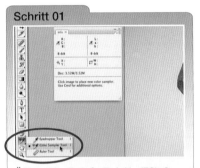

Öffnen Sie die **Info-Palette** (F8). So können Sie die Änderungen anhand von Zahlenwerten vornehmen und müssen nicht auf Ihr Auge vertrauen. Aktivieren Sie den **Farbaufnehmer**.

Schritt 02

Klicken Sie mit dem Farbaufnehmer in einen Bildbereich, der neutral grau sein sollte. In der Info-Palette sehen Sie die entsprechenden RGB-Werte. Diese Werte hier sind alles andere als neutral (R202, G187, B155).

Schritt 03

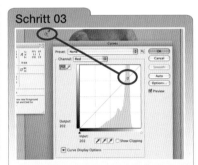

Wählen Sie Bild>Korrekturen>Gradationskurven. Aktivieren Sie **Rottöne** im **Kanäle-Menü** und klicken Sie im Bild in die Nähe des Aufnahmepunktes. Der Punkt erscheint auf der Kurve.

Schritt 04

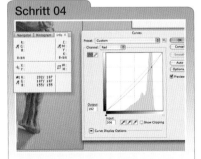

Klicken Sie an diesem Punkt in die Kurve und ziehen Sie, bis der R-Wert in der Info-Palette dem G-Wert (187) entspricht. In der Palette sollten Sie die Vorher- und Nachher-Werte sehen.

Schritt 05

Wiederholen Sie den Vorgang für den **blauen Kanal** – hier muss die blaue Kurve angepasst werden, um dem Grünwert von 187 zu entsprechen. Alle drei Kanäle haben jetzt denselben Wert.

Schritt 06

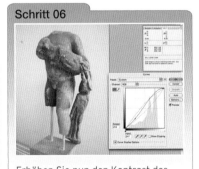

Erhöhen Sie nun den Kontrast des Bildes mithilfe der RGB-Kurve. Sie können die Farben auch separat für Lichter und Tiefen korrigieren, indem Sie im Bild mehr als einen Farbaufnehmer platzieren.

HÄUFIGE BEARBEITUNGEN:
SELEKTIVE BELICHTUNG UND KONTRAST

Ich habe Ihnen bereits verschiedene Photoshop-Techniken zum Thema Helligkeit und Kontrast gezeigt. Was ist jedoch, wenn Sie nur Teile des Bildes bearbeiten wollen?

Fotografen variieren die Belichtung eines Bildes durch Abwedeln und Nachbelichten; Photoshop bietet verschiedene Möglichkeiten, Tonwertänderungen in verschiedenen Stufen auf verschiedene Bildbereiche anzuwenden.

Es gibt mehrere Gründe, warum Sie das tun sollten. Aufgrund des beschränkten Tonwertbereichs eines RGB-JPEGs lassen sich einige Bilder nicht durch allgemeine Einstellungen korrigieren. Ein typisches Beispiel ist ein Landschaftsbild mit viel Himmel, wo es bei der Korrektur des Vordergrundes dazu kommt, dass der Himmel Details verliert und zu hell wird

bzw. umgekehrt. Es gibt auch verschiedene ästhetische Gründe, Bildbereiche einzeln aufzuhellen und abzudunkeln, vor allem dann, wenn das Bild nicht unter perfekten Lichtbedingungen aufgenommen wurde.

Am einfachsten wenden Sie eine lokale Einstellung mithilfe einer Einstellungsebene an (s. S. 44) und nutzen deren Ebenenmaske. Auf Seite 72 haben Sie bereits gesehen, wie das funktioniert. Für kleine Aufgaben – einfache Porträtkorrekturen wie das Aufhellen der Augen oder Zähne – eignen sich der Abwedler und Nachbelichter, wenn Sie jedoch tiefer einsteigen wollen, eignen sich Ebenen und Ebenenmasken deutlich besser.

Mit Photoshops Abwedler und Nachbelichter lassen sich Bildbereiche selektiv aufhellen oder abdunkeln.

Bilder mit einem großen Tonwertumfang, die nicht mit einer einzigen Belichtung aufgenommen werden können, müssen mit verschiedenen Belichtungen fotografiert werden. Diese lassen sich dann anschließend in Photoshop zu einem Einzelbild zusammenfügen (siehe gegenüberliegende Seite). Das ist die Grundlage der High Dynamic Range (HDR)-Fotografie.

VERWENDEN SIE EINE EINSTELLUNGSEBENE

Lokale Einstellungen wenden Sie am besten mithilfe einer Einstellungsebene und deren Ebenenmaske an. Hier nutzte ich die Tonwertkorrektur, um das Wasser abzudunkeln, die Statue jedoch so zu lassen, wie sie ist. Wenn Sie mit Schwarz auf der Maske malen, schützen Sie diese Bereiche vor der Einstellung.

Eine Variation zur Technik mit Einstellungsebenen ist, eine Ebenenkopie zu erstellen und diese aufzuhellen (oder abzudunkeln). Nutzen Sie dann eine Ebenenmaske, um die Bereiche auszublenden, die nicht vom Original durchscheinen sollen.

Wie auf Seite 53 erwähnt, bieten die neueren Versionen von Photoshop eine nützliche **Tiefen/Lichter**-Einstellung, die zum Aufhellen dunkler Tiefen sehr nützlich ist, weil die Lichter dabei nicht zu hell werden.

Photoshop CS2 führte das neue **Zu-HDR-zusammenfügen-Werkzeug** ein. Damit lassen sich Bilder mit verschiedenen Belichtungen zu einem HDR-Bild zusammenfügen.

ZWEI BELICHTUNGEN KOMBINIEREN

Bei den meisten Digitalkameras gehen in kontrastreichen Szenen Details im Himmel verloren. Dann ist es am besten, wenn Sie zwei Belichtungen aufnehmen (eine für den Himmel und eine für den Vordergrund) und diese mithilfe von Photoshop miteinander kombinieren.

Hier sehen Sie zwei Aufnahmen ein und derselben Szene; einmal wurde der Himmel belichtet, einmal der Vordergrund. Mit einer Aufnahme hätten nicht alle Tonwertdetails aufgenommen werden können.

Ziehen Sie ein Bild mit dem Verschieben-Werkzeug über das andere. Ändern Sie die Füllmethode der oberen Ebene in **Differenz**, um die Ebenen besser ausrichten zu können.

Ab Photoshop CS3 gibt es die Option **Ebenen automatisch ausrichten** (im Bearbeiten-Menü). Wenn Sie mit Stativ fotografiert haben, sollte das Ausrichten kein Problem sein (hier ist das nicht der Fall).

Versehen Sie die obere Ebene mit einer Ebenenmaske und malen Sie mit Schwarz, um alles unter dem Horizont zu maskieren.

Mehr dazu
Einstellungsebenen: S. 44
Ebenenmasken: S. 38
Tonwertkorrektur: S. 48

STUDIOKORREKTUR: WEISSER HINTERGRUND
 10 MINUTEN
MITTEL

BEGINNEN SIE HIER

 Für dieses Projekt sollten Sie sich mit Auswahlen und Masken auskennen und Ebenen verstehen.

 Siehe auch:
Ebenen Grundlagen: S. 30
Ebenenmasken: S. 38
Magnetisches Lasso: S. 23
Auswahlen verändern: S. 24

Ein perfekt weißer Hintergrund vor der Kamera ist nicht leicht hinzubekommen, in Photoshop ist es jedoch ein Kinderspiel.

Egal, ob Sie Studioporträts aufnehmen oder bessere Verkaufsbilder für eBay erstellen wollen – ohne teures Licht ist es schwierig, einen perfekt weißen Hintergrund zu erzielen. Hier lernen Sie, in Photoshop schnell und einfach einen weißen Hintergrund zu erzeugen.

Original

Hier sehen Sie ein typisches Ergebnis für den Einsatz eines Lichtszelts. Wird der Hintergrund nicht ausgeleuchtet, ist es nahezu unmöglich, einen perfekt weißen Hintergrund zu erzielen.

Ergebnis

Schritt 01

Öffnen Sie Ihr Bild in Photoshop und nehmen Sie, wenn nötig, Farbkorrekturen am eigentlichen Objekt vor.

Schritt 02

Wandeln Sie die Hintergrundebene in eine normale, editierbare Ebene um, indem Sie sie doppelt anklicken. In der Dialogbox **Neue Ebene** klicken Sie auf OK.

Schritt 03

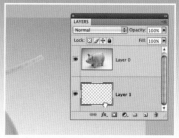

Erstellen Sie eine neue Ebene (Ebene> Neu>Ebene oder drücken Sie Strg-Shift-N / ⌘-⇧-N). Ziehen Sie die neu erstellte Ebene unter die Ebene mit dem Foto.

Schritt 04

Füllen Sie die untere Ebene mit Weiß (drücken Sie einfach die Taste D und anschließend Strg-Backspace / ⌘-⌫). Klicken Sie anschließend auf die obere Ebene, um diese auszuwählen.

Schritt 05

Jetzt zum schwierigen Teil. Sie müssen eine Auswahl vom Objekt erstellen. Ich nutze hier das **Magnetische Lasso**, da die Kanten gut definiert sind. Die Auswahl muss nicht auf Anhieb perfekt sein.

Schritt 06

Hier nutze ich in Photoshop CS3 das Werkzeug **Kante verbessern** (s. S. 26), um die rauen Kanten etwas zu glätten. In einer früheren Photoshop-Version wählen Sie Auswahl>Auswahl verändern>Abrunden.

Schritt 07

Sind Sie mit der Auswahl zufrieden, fügen Sie zu dieser Ebene eine Ebenenmaske hinzu. Klicken Sie dazu einfach auf den Button **Ebenenmaske hinzufügen** unten in der Ebenen-Palette.

Schritt 08

Zoomen Sie in das Bild hinein und überprüfen Sie die Kanten. Falls sie verbessert werden müssen, malen Sie mit einer kleinen Pinselspitze und Schwarz auf der Ebenenmaske (mit Weiß blenden Sie das Original ein).

Schritt 09

Nehmen Sie nun Helligkeits- und Kontrasteinstellungen vor. Hier wende ich auf die obere Ebene eine **Tonwertkorrektur** an (nicht auf die Maske), um das Schwein etwas aufzuhellen.

Schritt 10

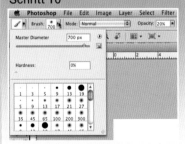

Jetzt muss der Schatten unter dem Schwein wieder her. Aktivieren Sie den **Pinsel** mit einer großen, weichen Pinselspitze. Ändern Sie die Deckkraft des Pinsels auf 20%.

Schritt 11

Wählen Sie die Ebenenmaske aus und stellen Sie Weiß als **Vordergrundfarbe** ein (Taste D, dann X). Malen Sie in den Bereichen, in denen der Schatten zu sehen sein soll.

Kurzer Tipp

Einen Schatten erzeugen
Sie sind mit dem vorhandenen Schatten nicht zufrieden? Malen Sie nach Schritt 09 einfach einen auf die untere Ebene – mit einem schwarzen Pinsel und geringer Deckkraft.

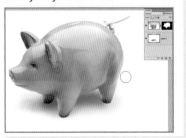

SCHNELLE TECHNIK: EINE REFLEXION ERZEUGEN

Vielleicht haben Sie schon festgestellt, dass im Internet - und im Rest der Welt - alles voll ist mit glänzenden Reflexionen. Das ist eine tolle Möglichkeit, langweiligen Produktaufnahmen (z.B. für eBay) einen professionellen Look zu verpassen. Hier finden Sie eine schnelle Schritt-für-Schritt-Anleitung, um diesen Effekt selbst in Photoshop zu erzeugen.

Schritt 01

Duplizieren Sie die Hintergrundebene. Erstellen Sie mit einem **Auswahl-werkzeug** Ihrer Wahl eine Auswahl vom Objekt.

Schritt 02

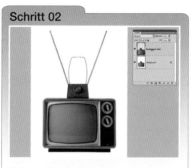

Kehren Sie die Auswahl um (Auswahl>Auswahl umkehren) - um den Hintergrund auszuwählen - und drücken Sie die Löschtaste.

Schritt 03

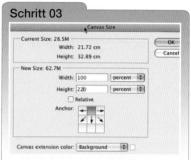

Wählen Sie Bild>Arbeitsfläche, um die Höhe der Arbeitsfläche zu verdoppeln (setzen Sie den Ankerpunkt oben in der Mitte).

Schritt 04

Aktivieren Sie die obere Ebene und wählen Sie Bearbeiten>Transformieren>Vertikal spiegeln.

Schritt 05

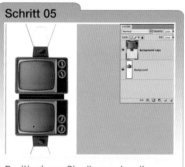

Positionieren Sie die gespiegelte Ebene mit dem **Verschieben-Werkzeug** an der Unterkante des Originals.

Schritt 06

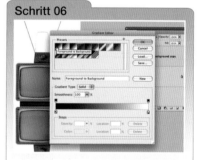

Aktivieren Sie das **Verlaufswerkzeug** mit dem schwarzweißen **Linearverlauf**. Fügen Sie zur oberen Ebene eine Maske hinzu.

Schritt 07

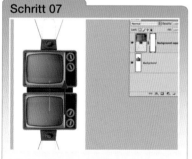

Klicken Sie etwa bei einem Drittel ins Bild und ziehen Sie nach oben über den Schnittpunkt hinaus.

Schritt 08

Das war's - reduzieren Sie das Bild und speichern Sie es als neue Datei.

Schritt 09

Wenn Sie wollen, können Sie nun noch die Farbe des Hintergrundes ändern.

KAPITEL 6
FOTOEFFEKTE

Das Schöne für einen Digitalfotografen ist die Tatsache, dass ein einziges Bild Ausgangspunkt tausender unterschiedlicher Effekte sein kann. Von Schwarzweiß über einen weichen Fokus bis hin zu Spezialtechniken wie Fischaugen-Effekten oder der Infrarotfotografie – Photoshop überlässt Ihnen die Entscheidung, wie das Bild später aussehen soll.

In diesem Kapitel sehen wir uns verschiedene Photoshop-Werkzeuge und Techniken an, mit denen Sie Effekte erzeugen, die normalerweise bei der Aufnahme oder in der Dunkelkammer entstehen.

Einige Effekte gehen über die Grenzen mancher Digitalkameras (vor allem Kompaktkameras) hinaus - beispielsweise die Kontrolle der Schärfentiefe. Sie lernen aber auch Effekte kennen, die mit herkömmlichen Kameras gar nicht erzeugt werden können.

Wie immer, kratzen wir auch auf den nächsten Seiten nur an der Oberfläche, aber Sie bekommen

wenigstens ein Gefühl dafür, was mit Ihren Bildern alles möglich ist.

Schließlich finden Sie in diesem Kapitel auch ein paar Ideen, wie Sie Ihre Bilder weniger »digital« aussehen lassen - mit Retro-Farbeffekten, Körnung und Vignetten.

Beginnen werden wir mit Schwarzweißbildern. Mit den meisten Kameras können Sie Schwarzweißbilder aufnehmen, aber Photoshop bietet verschiedene Umwandlungsmethoden, mit denen Sie Schwarzweißbilder erzeugen können, von denen man in einer herkömmlichen Dunkelkammer nur träumen kann.

FOTOEFFEKTE
SCHWARZWEISSUMWANDLUNG

Photoshop bietet verschiedene Werkzeuge für die Schwarzweißumwandlung; einige sind voll automatisch, andere bieten eine gewisse Kontrolle.

Es gab natürlich einmal eine Zeit, in der gab es *nur* Schwarz und Weiß; eine Zeit, bevor Fotos, Zeitschriften, Filme und das Fernsehen in Farbe auf uns einstrahlten. In den letzten Jahren ist das Interesse an der Schwarzweißfotografie wieder deutlich gestiegen - sicherlich auch, um sich von der Masse etwas abzuheben. Die Schwarzweißfotografie ist einfach zeitlos. Geschickt eingesetzt kann sie gute Aufnahmen in wirklich großartige verwandeln.

Photoshop-Werkzeuge

Sehen wir uns nun sechs wesentliche Methoden mit Vor- und Nachteilen an, die Photoshop Ihnen anbietet, wenn Sie Ihre Farbbilder in Schwarzweißbilder umwandeln wollen:

■ Graustufen-Modus
Der Graustufen-Modus (Bild> Modus>Graustufen) wandelt Ihre Farbbilder mit nur einem Klick in Graustufenbilder mit nur einem Kanal um. Die Ergebnisse sind etwas flau, können aber mit Gradationskurven oder einer Tonwertkorrektur aufgebessert werden. Das Problem ist, dass Sie die verschiedenen Farben und die Mischung der einzelnen Kanäle nicht kontrollieren können.

Technik-Tipp: Schnelles Einfärben

Um ein Bild schnell einzufärben, wählen Sie Bild>Korrekturen> Farbton/Sättigung und aktivieren die Checkbox **Färben**.

Wählen Sie mit den Reglern **Farbton** und **Sättigung** den Farbton aus. Für nicht-destruktive Änderungen verwenden Sie eine Einstellungsebene.

■ Lab-Modus/Helligkeitskanal
Wenn Sie Ihr Bild in den Lab-Modus umwandeln (Bild> Modus>Lab-Farbe) und die Kanäle **a** und **b** verwerfen, hat das zwei Vorteile: Erstens ist das Ergebnis meistens so perfekt, dass Sie höchstens den Kontrast etwas anpassen müssen. Und zweitens enthält der Helligkeitskanal (der übrig bleibt) meist sehr wenig Körnung und erzeugt sauberere Bilder.

■ Sättigung entfernen
Wenn Sie die Sättigung auf Null reduzieren (Bild>Korrekturen> Sättigung entfernen), entspricht das Ergebnis nahezu dem Graustufen-Modus. Auch hier haben Sie keine Kontrolle über die verschiedenen Farben.

■ Verlaufsumsetzung
Photoshops Verlaufsumsetzung (Bild>Korrekturen>Ver- laufsumsetzung) mit dem Schwarzweißverlauf kann schöne Schwarzweißbilder erzeugen. Wenn Sie den Verlauf anpassen, ändern Sie auch die Verteilung der Tonwerte, verstärken den Kontrast oder schützen Lichterdetails.

■ Kanalmixer
Die beste Option, die Photoshop für die Schwarzweißumwandlung bietet, ist der Kanalmixer (Bild>Korrekturen>Kanalmixer). Allerdings ist er auch am schwierigsten zu meistern. Wie der Name vermuten lässt, können Sie beim Kanalmixer festlegen, wie viele Anteile Rot, Grün und Blau im fertigen Graustufenbild verwendet werden. Erfahrene Nutzer können so die Effekte verschiedener Schwarzweißemulsionen sowie

DER KANALMIXER

Kontrollieren Sie Ihre Schwarzweißumwandlungen.

Alle Farbbilder bestehen aus drei (oder mehr) Kanälen – in der Regel Rot, Grün und Blau. Diese sehen Sie, wenn Sie die Kanäle-Palette öffnen (**Fenster>Kanäle**).

Der Kanalmixer (**Bild>Korrekturen>Kanalmixer**) überlässt Ihnen die Entscheidung, wie die drei Kanäle gemischt werden – aktivieren Sie die Checkbox **Monochrom**.

Neuere Photoshop-Versionen enthalten verschiedene Kanalmixer-Vorgaben, so dass Sie keine eigenene Einstellungen vornehmen müssen.

Wichtig beim Kanalmixer ist, dass Sie die Helligkeit wie im Original erhalten und die drei Kanäle zusammen einen Wert von 100% ergeben. Hier sehen Sie 100% Grün.

Wenn Sie den Rotanteil verstärken, können Sie den Effekt eines Orange- oder Gelbfilters simulieren und der blaue Himmel wird dunkler (oben: 50% Rot, 50% Grün).

Nur der rote Kanal (100% Rot, 0% Grün und Blau) erzeugt den Effekt eines Rotfilters.

Experimentieren Sie mit verschiedenen Einstellungen, bis Ihnen das Ergebnis gefällt. Wenn Sie die Prozentzahlen erhöhen, werden die Farben dunkler, wenn Sie sie verringern, heller.

Sie können auch negative Werte verwenden, wenn Sie die anderen entsprechend anpassen. Hier: Rot 164%, Grün 25%, Blau -90%. Das Ergebnis ist sehr kontrastreich (fast infrarot).

Kurzer Tipp

■ Arbeiten Sie, wenn möglich, mit einer Einstellungsebene (das ist mit allen hier beschriebenen Methoden möglich) - so können Sie die Einstellungen später jederzeit ändern und Sie können mit selektiven Toneffekten arbeiten (s. S. 98).

■ Experimentieren Sie nach der Umwandlung mit den Kontrasteinstellungen - Werkzeuge finden Sie auf den Seiten 48–58.

Farbfilter (z.B. einen Rotfilter für dunkle Himmel) simulieren.

■ Schwarzweiß

Seit Photoshop CS3 gibt es die Schwarzweißkorrektur (**Bild> Korrekturen>Schwarzweiß**). Bei dieser Methode entscheiden Sie, wie hell oder dunkel die sechs Farbgruppen (Rot, Grün, Blau, Gelb, Cyan und Magenta) im Graustufenbild erscheinen. Die dazugehörigen Regler reichen von 0% (sehr dunkel) bis 300% (sehr blass). Außerdem können Sie die Farben einfärben (wozu Sie bisher den Befehl Farbton/Sättigung benötigten – s. S. 61 und 94).

Schwarzweiß ist eine der ersten Photoshop-Einstellungen, mit denen Sie das Bild »live« bearbeiten (in CS4 gibt es deutlich mehr davon). Wenn Sie in das Bild klicken (und die Schwarzweißkorrekturen eingeblendet sind), können Sie mit der Maus im Bild ziehen, um die Regler einzustellen und an die darunter liegende Farbe anzupassen. Wenn Sie einen blauen Himmel abdunkeln wollen, klicken Sie im Bild in den Himmel und ziehen nach links.

KANALMIXER FÜR HAUTTÖNE

Wie in der herkömmlichen Schwarzweißfotografie erfordern Porträts einen anderen Ansatz als Landschaftsaufnahmen. Wenden Sie in Photoshop deshalb für Hauttöne andere Kanalmixer-Einstellungen an als in Landschaftsbildern.

Der blaue Kanal lässt alle warmen Farbtöne im Bild sehr dunkel erscheinen.

Wenn Sie den Rotanteil verstärken (hier 50% Rot, 50% Grün und 0% Blau) werden die Hauttöne blasser und der Kontrast zwischen der Haut und den roten Lippen schwächer.

Der grüne Kanal lässt die Haut eines Mitteleuropäers mittelgrau erscheinen und dunkelt die Lippen für einen besseren Kontrast ab. In der traditionellen Fotografie wurde dafür ein Grünfilter verwendet.

100% Rot (und nichts anderes) erzeugt sehr blasse Haut und Lippen. Nutzen Sie diese Einstellung nur, wenn die Person rote Hautunreinheiten aufweist, die dadurch verschwinden.

SCHWARZWEISSKORREKTUR (CS3)

Die Schwarzweißkorrektur funktioniert etwas anders als der Kanalmixer. Mit den sechs Reglern legen Sie fest, wie die Farben in der Umwandlung dargestellt werden – von dunkel (0%) bis blass (300%). Dadurch können Sie einen Himmel deutlich abdunkeln, indem Sie den Regler für die **Blautöne** nach links verschieben. Anders als beim Kanalmixer müssen Sie nicht darauf achten, insgesamt auf einen Wert von 100% zu kommen. Wie bei anderen Korrekturen gibt es auch hier eine Reihe von Vorgaben.

Sättigung verringern

Egal, ob Sie Bild>Korrekturen> Sättigung verringern wählen oder den Sättigungsregler im Befehl Farbton/Sättigung verschieben – Sie entfernen die Farbe aus dem Bild.

Graustufen-Modus

Bild>Modus>Graustufen verwirft alle Farben und erzeugt einen einzigen Kanal. Das geht schnell und einfach, die Ergebnisse sind aber eher flau.

▲ **Klicken Sie in das Bild, um die Farben direkt anzupassen – ziehen Sie nach links, um es abzudunkeln und nach rechts, um die Farben im Klickpunkt aufzuhellen.**

Verlaufsumsetzung

Bild>Korrekturen>Verlaufsumsetzung (mit einem Schwarzweißverlauf) ist bei einigen Fotografen sehr beliebt, weil dabei mit nur einem Klick schöne Landschaftsaufnahmen entstehen.

Die Schwarzweißkorrektur bietet dieselben Farboptionen wie der Befehl Farbton/Sättigung. Aktivieren Sie einfach die Option Färben und stellen Sie den Farbton und die Sättigung mithilfe der Regler unten in der Palette ein.

Wenn Sie den Verlauf bearbeiten, ändern Sie das Aussehen des Bildes.

SELEKTIV SCHWARZWEISS
🕐 10 MINUTEN
📊 MITTEL

Lenken Sie die Aufmerksamkeit mit dieser einfachen, aber sehr effektiven Technik auf das Hauptobjekt.

BEGINNEN SIE HIER

⚙ Auch wenn die Technik sehr einfach ist, brauchen Sie etwas Erfahrung mit exakten Auswahlen. Sie sollten sich auch mit Einstellungsebenen und Masken auskennen.

🔍 **Siehe auch:**
Farbton/Sättigung: S. 60
Einstellungsebenen: S. 44

Es gibt verschiedene Möglichkeiten, einen Bildbereich zu betonen – eine der effektivsten ist die selektive Umwandlung in Graustufen, bei der nur eine Auswahl farbig bleibt. Hier sehen Sie eine einfache Technik mit einer Farbton/Sättigung-Einstellungsebene.

Original

Ergebnis

Schritt 01

Öffnen Sie Ihr Bild und erstellen Sie eine Auswahl von dem Bereich, der farbig bleiben soll. Ich nutze hier das **Magnetische Lasso,** da die Kanten der Blume klar und deutlich sind. Sie können natürlich jedes beliebige Auswahlwerkzeug verwenden – eines, das am besten zu Ihren Bedürfnissen passt.

Schritt 02

Wählen Sie **Auswahl>Auswahl umkehren** (um alles andere außer der Blume auszuwählen). Erstellen Sie nun eine Farbton/Sättigung-Einstellungsebene mit dem Befehl **Ebene>Neue Einstellungsebene**. Nutzen Sie für die Schwarzweißumwandlung aber auch ruhig eine andere Methode – diese ist hier einfach und schnell.

Schritt 03

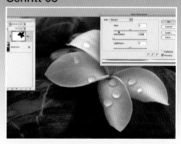

In der Dialogbox reduzieren Sie die Sättigung auf -100. Zoomen Sie in das Bild hinein und prüfen Sie, ob die Kanten der Auswahl perfekt sind; wenn nicht, bearbeiten Sie einfach die Maske der Einstellungsebene mit dem **Pinsel** (s. S. 45).

SELEKTIVES EINFÄRBEN

Sie müssen nicht immer mit einer Auswahl beginnen – malen Sie für ein schnelles Ergebnis einfach auf der Maske.

▲ Duplizieren Sie die Hintergrundebene und wandeln Sie diese in Schwarzweiß um, fügen Sie eine Maske hinzu. Malen Sie mit einer großen, weichen Pinselspitze auf der Maske, um die Farbe darunter einzublenden. Mit Schwarz blenden Sie die darunter liegende Farbe ein.

▲ Sie müssen keine scharfen Übergänge zwischen den farbigen und den schwarzweißen Bereiche im Bild erzeugen und die farbigen Bildbereiche auch nicht auf einzelne Elemente beschränken. Hier nahm ich mir ein paar Minuten und experimentierte mit der Maske der Schwarzweißebene. Wenn Sie mit dem Pinsel mit weniger als 100% Deckkraft malen, wird die Schwarzweißebene halb transparent (schwach gesättigt).

Technik-Tipp: Protokoll-Pinsel

Hier ist noch eine schnelle, alternative Technik. Wandeln Sie das Bild in Graustufen um: Bild>Korrekturen>Schwarzweiß (Sie können auch eine andere Methode wählen, nur nicht den einfachen Graustufen-Modus).

Öffnen Sie die Protokoll-Palette (Fenster>Protokoll) und klicken Sie in das kleine Kästchen links neben dem Protokollschritt vor der Schwarzweißumwandlung (der Öffnen-Schritt).

Aktivieren Sie nun den Protokoll-Pinsel (Taste Y) und malen Sie damit im Bild. Sie malen quasi mit einem Widerrufen-Pinsel und bringen das Bild in den Zustand zurück, den es vor der Schwarzweißumwandlung hatte (also zurück in Farbe).

So dauert es nur ein paar Sekunden, die Farbe der Augen dieser Eule wiederherzustellen (mit einer großen weichen Pinselspitze). Bei einem Fehler stellen Sie die Protokollquelle einfach wieder auf Schwarzweiß und malen noch einmal über diesen Bereich.

WEICHZEICHNUNGS-EFFEKTE
🕐 5 MINUTEN
📊 LEICHT

BEGINNEN SIE HIER

⚙ Eine einfache Technik, die – wenn Sie mit verschiedenen Füllmethoden experimentieren – die unterschiedlichsten Ergebnisse aus ein und demselben Bild erzeugt.

🔍 **Siehe auch:**
Füllmethoden: S. 32
Ebenenmasken: S. 39

Mit dieser einfachen Ebenentechnik erzeugen Sie in wenigen Sekunden die unterschiedlichsten Ergebnisse.

Bei Digitalbildern geht es nicht immer nur darum, möglichst scharfe Ergebnisse zu erzielen; manchmal ist auch etwas Weicheres gewünscht – vor allem bei Porträts.

Vor dem Digitalzeitalter erzielte man einen weichen Fokus mithilfe spezieller Filter, die vor das Objektiv geschraubt wurden. Zusätzlich musste die Blende sorgfältig gewählt werden. Heutzutage braucht es nur einen Klick für einen weichen Fokus. In diesem Abschnitt lernen Sie, weiche Fokuseffekte (nicht einfach nur Weichzeichnungen) mithilfe von Ebenen zu erzeugen.

Auch wenn Sie auf jedes Porträt einen weichen Fokus anwenden können, eignet er sich bei einigen besser als bei anderen (bei erwachsenen Männern wirkt er beispielsweise nicht so gut). Sie brauchen auf jeden Fall ein gutes Ausgangsbild.

Schritt 01

Öffnen Sie ein Bild und duplizieren Sie die Hintergrundebene (Strg-J / ⌘-J), um zwei Kopien des Bildes auf separaten Ebenen zu haben.

Schritt 02

Wenden Sie den **Gaußschen Weichzeichner** (Filter> Gaußscher Weichzeichner) auf die obere Ebene (die Kopie) an. Die Einstellungen hängen von der Bildgröße und dem gewünschten Effekt ab. Ein Radius von 4 bis 6 Pixel ist ganz gut.

Schritt 03

Für den Effekt reduzieren Sie nun einfach die Deckkraft der weichgezeichneten Ebene. Experimentieren Sie etwas, meistens passt ein Wert zwischen 60 und 75%.

VARIATIONEN DIESER TECHNIK

Sobald Sie mit dem Experimentieren beginnen, werden Sie feststellen, dass die kreativen Möglichkeiten nahezu unendlich sind.

Die **Füllmethode** der oberen (weichgezeichneten) Ebene hat eine große Auswirkung auf das Aussehen des Bildes (siehe unten). Wechseln Sie zur Option **Negativ multiplizieren**.

Vielleicht setzen Sie auch die Deckkraft der oberen Ebene wieder auf 100%, um den Effekt der Füllmethode etwas abzuschwächen.

Maskieren Sie die weichgezeichnete Ebene und blenden Sie Augen und die Mitte des Gesichts der Originalebene wieder ein. So erzeugen Sie eine weiche Vignette.

Kurzer Tipp

Smart-Filter (CS2 und höher)
Wenn Sie die Hintergrundebene in ein **Smart Objekt** verwandeln (s. S. 36 und 81), können Sie alles auf dieser Seite auf nur einer Ebene ausführen. Wenden Sie den Gaußschen Weichzeichner auf das Smart Objekt an und ändern Sie anschließend Füllmethode und Deckkraft des Filters nach Belieben. Wenn Sie wollen, können Sie zusätzlich auch eine Maske anwenden.

Wenn Sie die Füllmethode der oberen Ebene in **Multiplizieren** ändern, vermischen sich Tiefen und Lichter - das Ergebnis ist sehr atmosphärisch.

Diese Füllmethode intensiviert auch die Farben. Für einen feineren Effekt sollten Sie die Sättigung der weichgezeichneten Ebene auf Null reduzieren.

Hier noch eine Variante: Die Sättigung der oberen Ebene wurde entfernt und die Füllmethode in **Ineinanderkopieren** geändert. Der Kontrast wird deutlich verstärkt.

WEICHERE SCHWARZWEISSBILDER

Eine weichgezeichnete Ebenenkopie mit verschiedenen Füllmethoden eignet sich besonders gut für Schwarzweißbilder. Experimentieren Sie mit verschiedenen Füllmethoden, Deckkraft und Farbtonoptionen – aus einem Bild können die unterschiedlichsten Ergebnisse entstehen. Da Sie sich nicht um Farbstiche sorgen müssen, können Sie mit Schwarzweißaufnahmen deutlich weiter gehen und weitere Ebenenkopien erstellen sowie mit Masken arbeiten, um den gewünschten Effekt zu erzielen.

▲ Wandeln Sie Ihr Bild mit einer der Methoden der Seiten 94 bis 97 in Graustufen um.

▲ Eine weichgezeichnete Ebenenkopie im Modus Ineinanderkopieren erzeugt einen kontrastreichen Effekt.

In diesem Beispiel befindet sich die weichgezeichnete Ebene im Modus **Multiplizieren** (die Tiefen vermischen sich mit den Lichtern) und für die scharfen Augen verwendete ich eine Maske.

Hier sehen Sie dasselbe Bild wie links, nachdem ich den Kontrast mithilfe der **Gradationskurven** verstärkt habe. Das Schöne an Schwarzweißbildern ist, dass sie deutlich formbarer sind als Farbbilder, wenn Sie mit dieser Technik experimentieren.

Wenn Sie die obere Ebene einfärben (Bild>Korrekturen>Farbton/ Sättigung) können Sie das Bild gleichzeitig färben und einen Weichzeichnungseffekt anwenden. Befindet sich Ihr Bild im Graustufen-Modus, müssen Sie es erst in RGB umwandeln (Bild>Modus>RGB).

WEICHZEICHNUNG: SCHÄRFENTIEFE, TEIL 1

 15 MINUTEN
LEICHT

Mit dieser Technik erzeugen Sie eine sehr schwache Schärfentiefe für Porträts.

BEGINNEN SIE HIER

Diese Technik ist erstaunlich einfach. Sie solten Ebenen und Ebenenmasken erstellen und bearbeiten und mit dem Pinsel umgehen können.

Siehe auch:
Ebenenmasken: S. 39
Schwarzweiß: S. 94
Scharfzeichnen: S. 64

Solange Sie keine digitale Spiegelreflexkamera mit teurem Objektiv besitzen, ist es nahezu unmöglich, eine schwache Schärfentiefe zu erzeugen. Hier lernen Sie, den Effekt mithilfe von Photoshops Weichzeichnungs- und Maskierungswerkzeugen zu simulieren. Das Ergebnis ist vielleicht nicht perfekt, dauert aber nicht lang und entfernt unschöne Hintergründe in Porträts.

Original

Beginnen Sie mit einem scharfen Porträt. Dieser Effekt kann auf jedes Porträt angewendet werden, eignet sich aber am besten für Bilder, bei denen die Person gerade in die Kamera blickt.

Ergebnis

Schritt 01

Duplizieren Sie die Hintergrundebene (Ebene>Ebene duplizieren oder Strg-J / ⌘-J). Fügen Sie eine Ebenenmaske (Ebene>Ebenenmaske>Alles einblenden) zur neuen Ebene hinzu (um die Weichzeichnung später zu beschränken).

Schritt 02

Aktivieren Sie die obere Ebene (nicht deren Maske) und wenden Sie den **Gaußschen Weichzeichner** (Filter> Weichzeichnungsfilter>Gaußscher Werichzeichner) an. Der Radius hängt von der Bildgröße ab, beginnen Sie bei 6 oder 7 Pixel. Das Bild soll unscharf, nicht total weichgezeichnet aussehen.

Schritt 03

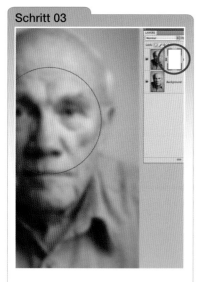

Klicken Sie auf die Ebenenmaske der oberen Ebene. Wählen Sie eine große, weiche Pinselspitze und malen Sie mit Schwarz auf der Maske, um die Bereiche einzublenden, die scharf bleiben sollen - beginnen Sie in der Mitte des Gesichts.

Schritt 04

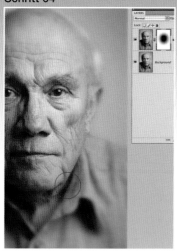

Malen Sie mit einer kleineren Pinselspitze, um die Maske zu verfeinern, so dass das Gesicht vollständig scharf ist. Mit Schwarz blenden Sie die Weichzeichnung aus, mit Weiß wieder ein.

Schritt 05

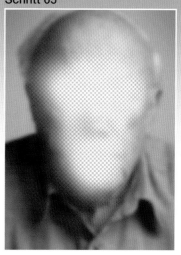

Hier sehen Sie die obere Ebene, nachdem ich die Maske fertig bearbeitet habe (für diesen Screenshot blendete ich die Hintergrundebene aus). Wie Sie sehen, sind Augen und Mund gleichmäßig scharf, während die Ränder der Maske eher weich sind.

TIEFENSCHÄRFE ABMILDERN

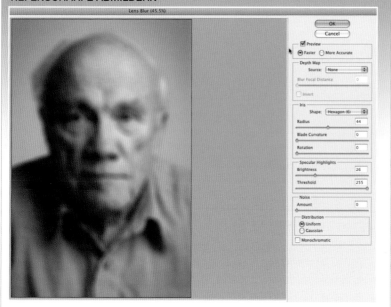

Seit Photoshop CS gibt es einen Filter, mit dem sich dieser Effekt einfacher erzielen lässt - **Tiefenschärfe abmildern** (Filter>Weichzeichnungsfilter>Tiefenschärfe abmildern). Die Ergebnisse mit diesem Filter sind realistischer. In CS2 oder höher lässt sich der Filter dann mit einer **Smart Ebene** kombinieren.

Zum Schluss können Sie die untere Ebene (die nicht weichgezeichnete) noch etwas scharfzeichnen, dann das Bild reduzieren, in Graustufen umwandeln und den Kontrast etwas verstärken.

WEICHZEICHNUNG: SCHÄRFENTIEFE, TEIL 2
⏱ 20 MINUTEN
📊 FORTGESCHRITTEN

Isolieren Sie das Objekt vom Hintergrund mit diesem »schnellen Teleobjektiv«-Schärfentiefe-Effekt.

BEGINNEN SIE HIER

 Wie bei allen lokalen Einstellungen kommt es darauf an, wie gut Ihre Auswahlen sind. Für diese Technik brauchen Sie den Filter Tiefenschärfe abmildern (den gibt es nicht in 7.0), s. S. 107).

 Siehe auch:
Magnetisches Lasso: S. 23
Maskierungsmodus: S. 27

Original

Ergebnis

Profifotografen nutzen schnelle, lange Teleobjektive (mit einer großen Blendenöffnung), um Objekte vom Hintergrund zu trennen und eine schwache Schärfentiefe zu erzeugen. Bei Kompaktkameras und herkömmlichen Zoomobjektiven wird das eher schwierig, wenn nicht gar unmöglich. In dieser Abwandlung der letzten Technik nutzen wir Photoshops Filter Tiefenschärfe abmildern (**Filter>Weichzeichnungsfilter> Tiefenschärfe abmildern**).

Schritt 01

Der Schlüssel zum Erfolg ist eine akkurate Auswahl um das Objekt. Ich wählte hier das **Magnetische Lasso**, da es bei sauberen Kanten ganz gut funktioniert.

Schritt 02

Erstellen Sie mit Ihrem Lieblingswerkzeug die bestmögliche Auswahl. Zoomen Sie hinein und sehen Sie sich die Auswahl an - hier fand ich ein paar Fehler, weshalb ich die Auswahl verfeinern musste.

Schritt 03

Wechseln Sie mit der Taste Q in den Maskierungsmodus und aktivieren Sie den **Pinsel** (B). Passen Sie mithilfe des Pinsels die Maske perfekt an die Kanten des Objekts an.

Schritt 04

Mit Schwarz erweitern Sie die Maske (verkleinern die Auswahl), mit Weiß die Auswahl. Für kleine Bereiche brauchen Sie eine ganz kleine, harte Pinselspitze (die Auswahl soll keine weiche Kante haben).

Schritt 05

Sind Sie mit der Auswahl zufrieden, drücken Sie erneut die Taste Q, um den Maskierungsmodus wieder zu verlassen.

Schritt 06

Wählen Sie Auswahl>Auswahl umkehren (um den Hintergrund auszuwählen) und anschließend Filter>Weichzeichnungsfilter> Tiefenschärfe abmildern.

Schritt 07

In der Dialogbox müssen Sie nur den **Radius** anpassen (der bestimmt den Grad der Weichzeichnung), können aber auch mit allen anderen Optionen experimentieren. Klicken Sie anschließend auf OK.

Kurzer Tipp: Nutzen Sie eine Maske

Wollen Sie den Filter nicht-destruktiv anwenden, wenden Sie ihn auf die maskierte und nicht auf die darunter liegende Ebene an (was das Offensichtlichste wäre):

■ Duplizieren Sie die Hintergrundebene und erstellen Sie die Auswahl (auf der oberen Ebene) wie in den Schritten 01 bis 05.

■ Wählen Sie anschließend Ebene> Ebenenmaske>Auswahl ausblenden.

■ Wenden Sie auf die obere Ebene nun den Filter Tiefenschärfe abmildern an und wählen Sie aus dem Quelle-Menü

die Option **Maske**. Jetzt können Sie die Maske verfeinern - für perfekte Kanten.

■ Wenn Sie die Hintergrundebene weichzeichnen und die maskierte, scharfe Ebene darüber legen, sehen Sie die Kanten der weichgezeichneten Version des scharfen Objekts im Hintergrund (siehe gegenüberliegende

SCHNELLE TECHNIK: VERLAUFSMASKE

Manchmal brauchen Sie für den Schärfentiefe-Effekt nicht erst eine Auswahl zu erstellen oder auf einer Maske zu malen; Sie brauchen nur den Maskierungsmodus und das Verlaufswerkzeug.

Bilder wie diese eignen sich gut für diesen einfachen Effekt; der Abstand der Objekte zur Kamera nimmt von links nach rechts zu.

Wechseln Sie in den **Maskierungsmodus** und erstellen Sie mit dem **Verlaufswerkzeug** einen Schwarzweißverlauf (klicken und ziehen).

Drücken Sie die Taste Q, um die Maske in eine Auswahl umzuwandeln und wenden Sie den Filter Tiefenschärfe abmildern an. Die Schärfentiefe wirkt wirklich echt.

PHOTOSHOP-7.0-TECHNIK

Leider gibt es den Filter Tiefenschärfe abmildern erst seit Photoshop CS; wir müssen das Problem des Gaußschen Weichzeichners anders umgehen.

▲ Eine Möglichkeit wäre, die obere Ebene zu vergrößern (Bearbeiten>Transformieren> Skalieren), aber das funktioniert hier nicht.

▼ Besser ist es hingegen, das Objekt auszuschneiden (als neue Ebene) und in einen neuen Hintergrund mit ähnlichen Farben einzufügen, wie hier zu sehen.

▲ Erstellen Sie eine Auswahl vom Objekt und kehren Sie diese um (damit der Hintergrund ausgewählt ist). Wenden Sie den **Gaußschen Weichzeichner** an; das Problem wird deutlich: Um das Objekt erscheint ein Halo-Effekt (die Kanten des Objekts wurden in den Hintergrund weichgezeichnet). Das ist nicht das, was wir wollen.

CROSS-ENTWICKLUNG

 10 MINUTEN
MITTEL

Es gibt viele Möglichkeiten, diesen beliebten Effekt zu erzeugen; hier ist nur eine davon.

BEGINNEN SIE HIER

Diese Technik funktioniert mit jeder Photoshop-Version und nutzt Ebenen, Farbmodi, Tonwertkorrektur und den Gaußschen Weichzeichner.

Siehe auch:
Ebenen: S. 30
Tonwertkorrektur & Histogramm: S. 48
Gradationskurven: S. 54

Ergebnis

Normalerweise ist es nicht leicht, diesen Effekt mithilfe einer Software zu erzeugen.

Original

Schritt 01

Öffnen Sie das Bild und – wenn nötig – passen Sie den Kontrast und die Sättigung an. Ändern Sie den Farbmodus in Lab-Farbe (Bild>Modus>Lab-Farbe). Duplizieren Sie die Hintergrundebene.

Schritt 02

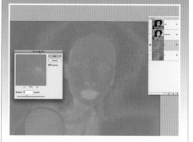

Aktivieren Sie die neue Ebene (die Kopie) und öffnen Sie die **Kanäle-Palette**. Klicken Sie auf den Kanal **a**. Wählen Sie **Filter>Weichzeichnungsfilter> Gaußscher Weichzeichner** mit einem Radius von 7 oder 8 Pixel. Klicken Sie auf OK. Klicken Sie in der Kanäle-Palette auf die obere Miniatur (Lab), um alle Kanäle einzublenden.

Schritt 03

Die obere Ebene ist die aktive – wählen Sie Bild>Korrekturen> Tonwertkorrektur. Im Kanal-Menü wählen Sie **a**. Stellen Sie für den Tonwertumfang die Werte 80, 1,0 und 255 und lassen Sie den Rest unangetastet.

Schritt 04

Aktivieren Sie nun den Kanal **b** und wählen dieses Mal die Werte 75, 1,5 und 255 für den Tonwertumfang. Klicken Sie auf OK. Beachten Sie, dass die Tonwertkorrektur in diesem und im letzten Schritt ausreichend Platz zum Experimentieren bietet.

Schritt 05

Ändern Sie die Füllmethode der oberen Ebene in **Ineinanderkopieren** oder **Strahlendes Licht**. Experimentieren Sie mit dem Kontrast und der Farbe in beiden Ebenen, bis Sie mit dem Ergebnis zufrieden sind. Wandeln Sie das Bild dann wieder in **RGB** um.

FALSCHER INFRAROTEFFEKT

 10 MINUTEN
MITTEL

Richtige Infrarotfotografie ist schwierig und erfordert eine spezielle Ausrüstung; hier ist eine Fälschung.

 BEGINNEN SIE HIER

Auch diese Technik sieht kompliziert aus, weil sie mit Filtern in einzelnen Farbkanälen arbeitet. Aber so lange Sie sorgfältig den vorgegebenen Schritten folgen, sollte die Technik nicht mehr als ein paar Minuten dauern.

 Siehe auch:
Kanalmixer: S. 95

Ergebnis

Original

Schritt 01

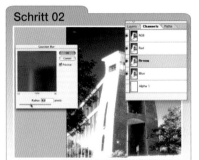

Öffnen Sie das Bild und korrigieren Sie gegebenenfalls Farbe, Helligkeit, Kontrast und Schärfe. Fügen Sie eine Kanalmixer-Einstellungsebene hinzu (Ebene>Neue Einstellungsebene>Kanalmixer). Stellen Sie die Regler wie folgt ein: Rot +200%; Grün +34%; Blau -18 oder -20%. Aktivieren Sie die Checkbox **Monochrom**.

Schritt 02

Aktivieren Sie die Hintergrundebene und klicken Sie in der **Kanäle-Palette** auf den grünen Kanal. Wenden Sie den Gaußschen Weichzeichner (Filter>Weichzeichnungsfilter>Gaußscher Weichzeichner) mit einem Radius von 8 oder 9 Pixel an.

Schritt 03

Wählen Sie Bearbeiten>Verblassen: Gaußscher Weichzeichner und ändern Sie den Modus in **Negativ multiplizieren**. Für die Deckkraft wählen Sie 70% - beurteilen Sie die Vorschau. Klicken Sie auf den RGB-Kanal, um alle Kanäle einzublenden.

Schritt 04

Fügen Sie zur Hintergrundebene nun etwas Rauschen hinzu - Infrarotbilder sind meistens sehr körnig. Wählen Sie Filter>Rauschfilter>Rauschen hinzufügen mit einer Stärke von 10 oder 12% und den Optionen **Gaußscher Weichzeichner** und **Monochrom**.

Schritt 05

Passen Sie schließlich die Tonwerte der Hintergrundebene an, um den richtigen Kontrast ins Bild zu bringen.

KÖRNIGER FILMEFFEKT

 10 MINUTEN

 LEICHT

Verleihen Sie Ihren Bildern einen körnigen Retroeffekt.

BEGINNEN SIE HIER

 Sie sollten sich mit Auswahlen und Tonwertkorrekturen auskennen. Die Methode ist für alle Photoshop-Versionen gleich.

 Siehe auch:
Tonwertkorrektur & Histogramm: S. 48
Gradationskurven: S. 54
Farbton/Sättigung: S. 60
Auswahlwerkzeuge: S. 20

Original

Wie bei vielen Bildbearbeitungen ist für die Wirkungsweise des Effekts die richtige Bildauswahl entscheidend. Dieser körnige Effekt passt nicht zu Sommerfotos von fröhlichen Menschen, wohl aber für schlecht ausgeleuchtete Aufnahmen aus dem städtischen Umfeld.

Ergebnis

Schritt 01

Verstärken Sie den Kontrast des Bildes mit Bild>Korrekturen>Gradationskurven - erzeugen Sie eine recht steile S-Kurve.

Schritt 02

Öffnen Sie den Befehl **Farbton/Sättigung** (Bild>Korrekturen>Farbton/Sättigung) und reduzieren Sie die Sättigung deutlich. Die Originalfarbe soll nur noch ganz schwach zu erkennen sein (-60 bis -70 ist okay).

Schritt 03

Fügen Sie nun Bildrauschen hinzu. Es gibt verschiedene Möglichkeiten, hier wählte ich den Filter **Filmkörnung** (Filter>Strukturierungsfilter>Filmkörnung). Aktivieren Sie den Typ **Vergrößert**.

Schritt 04

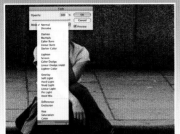

Die Körnung soll nicht farbig erscheinen, wählen Sie also Bearbeiten>Verblassen: Filmkörnung. In der Dialogbox ändern Sie den Modus in **Luminanz**.

Schritt 05

Hier korrigierte ich den Kontrast mit einer **Tonwertkorrektur** (Bild>Korrekturen>Tonwertkorrektur).

Schritt 06

Machen Sie nun die Ecken des Bildes etwas dunkler; dieser Effekt wird vielleicht etwas viel gebraucht, erzeugt aber einen authentischen Look. Aktivieren Sie die **Auswahlellipse**.

Schritt 07

Erstellen Sie mit dem Werkzeug ein großes Oval (siehe Abbildung). Passen Sie die Auswahl mit Auswahl>Auswahl transformieren in der Größe an, wenn sie nicht auf Anhieb aussieht wie gewünscht.

Schritt 08

Wenden Sie eine weiche Auswahlkante von etwa 60 Pixel an (Auswahl> Auswahl verändern> Weiche Auswahlkante oder Auswahl>Weiche Kante in älteren Versionen). Klicken Sie auf OK und kehren Sie die Auswahl um.

Kurzer Tipp

Objektivkorrektur (CS2 und höher)
Ab Version CS2 können Sie die Schritte 06 bis 10 durch den Vignettenregler im Filter Objektivkorrektur ersetzen. (Filter> Verzerrungsfilter>Objektivkorrektur).

Schritt 09

Öffnen Sie die Dialogbox **Helligkeit/ Kontrast** (Bild> Korrekturen> Helligkeit/Kontrast). In Photoshop CS3 aktivieren Sie die Option **Früheren Wert verwenden**.

Schritt 10

Ziehen Sie den **Helligkeitsregler** auf etwa -60 oder bis Sie mit dem Effekt zufrieden sind.

Tastenkürzel

Auswahlrechteck
(⇧ — M zum Wechseln)

Verblassen
⌘ ⇧ — F
Ctrl ⇧

Tonwertkorrektur
⌘ — L
Ctrl

Gradationskurven	Farbton/Sättigung
⌘ — M Ctrl	⌘ — U Ctrl

Auswahl umkehren	Weiche Auswahlkante
⌘ alt — I Ctrl alt	⌘ alt — D Ctrl alt

ALTMODISCHER EFFEKT: VERBLASSTE ABZÜGE

 10 MINUTEN
 MITTEL

Diese Technik nutzt Gradationskurven, um einen Retro-Farbeffekt zu erzeugen.

BEGINNEN SIE HIER

 Für den Hauptteil dieser Technik brauchen Sie nur zwei Werkzeuge: Gradationskurven und Farbton/Sättigung. Die Objektivkorrektur gibt es erst ab Version CS2.

 Siehe auch:
Gradationskurven: S. 54
Filmkörnung: S. 110
Cross-Entwicklung: S. 108

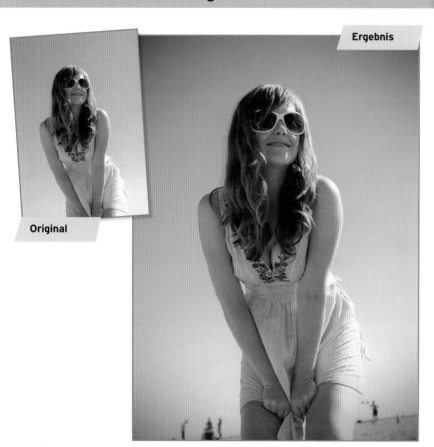

Ergebnis

Original

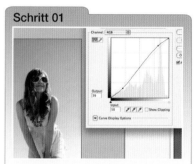

Schritt 01

Erhöhen Sie zunächst leicht den Kontrast des Bildes (es sei denn, es ist bereits sehr kontrastreich). Wenn Sie wollen, nutzen Sie einfach Helligkeit/Kontrast, ich entschied mich hier für **Gradationskurven** und erzeugte eine leichte S-Kurve. Anschließend klickte ich auf OK.

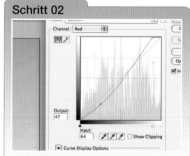

Schritt 02

Jetzt zur Farbe: Öffnen Sie – falls nicht bereits aus Schritt 01 aktiv – die Gradationskurven-Dialogbox (**Bild> Korrekturen>Gradationskurven**). Im **Kanäle**-Popup-Menü wählen Sie den roten Kanal. Ändern Sie die Form der roten Kurve, wie in der Abbildung zu sehen.

Diese Retro-Schritt-für-Schritt-Technik bedient sich der Gradationskurven, um die Balance der einzelnen Farbkanäle im Bild zu bearbeiten. Es entsteht ein altmodisches Bild, das aussieht wie ein Abzug aus den 50er, 60er oder 70er Jahren, welcher seitdem sehr verblasst ist. Auch

wenn Sie diese Technik auf jedes Bild anwenden können, funktioniert sie am besten mit zeitlosen Aufnahmen und erzielt die besten Ergebnisse, wenn der Himmel in der Aufnahme nicht zu tiefblau ist. Die Einstellungen der folgenden Schritte hängen natürlich von dem von Ihnen verwendeten Bild ab.

Schritt 03

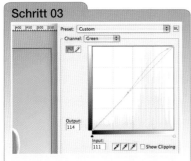

Aktivieren Sie nun den grünen Kanal und ändern Sie die Form der grünen Kurve so, dass sie in etwa so aussieht wie in dieser Abbildung.

Schritt 04

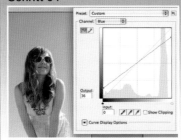

Wechseln Sie zum blauen Kanal und reduzieren Sie den Winkel der Kurve, wie hier zu sehen (je weiter Sie die Endpunkte entlang der Achsen verschieben, desto stärker wird der Effekt). Klicken Sie auf OK.

Schritt 05

Experimentieren Sie nun mit verschiedenen Sättigungsstufen (**Bild>Korrekturen>Farbton/ Sättigung**). Die meisten Bilder sehen noch mehr Retro aus, wenn Sie die Sättigung verringern.

Schritt 06

Fügen Sie zum Abschluss noch eine Vignette hinzu. Ab Photoshop CS2 wählen Sie **Filter>Verzerrungsfilter>Objektivkorrektur** (in älteren Versionen verwenden Sie die Technik von Seite 111).

Schritt 07

Im Abschnitt **Vignette** ziehen Sie den **Stärkeregler** auf etwa -50 und den **Mittelpunktregler** auf +60 (das sind Ausgangswerte; die exakten Werte bestimmen Sie).

Kurzer Tipp

■ Wenn Sie eine Einstellung gefunden haben, die Ihnen gefällt, kann Photoshop diese als Vorgabe speichern.

■ Versuchen Sie, Fotos speziell für diese Technik zu fotografieren - Oldtimer und Gebäude aus den 50er bis 70er Jahren.

■ Wenn Sie mit verschiedenen Gradationskurven experimentieren wollen, arbeiten Sie mit Einstellungsebenen.

Technik-Tipp

Schneller Antik-Effekt

Manchmal wollen Sie ein Bild vielleicht mehr als ein paar Jahrzehnte älter machen – dann brauchen Sie eine etwas andere Technik.

▲ Färben Sie das Bild mit dem Befehl Farbton/Sättigung ein (wählen Sie den Farbton 33).

▲ Wählen Sie **Filter>Strukturierungsfilter>Filmkörnung** mit einer **vertikalen** Körnung.

Reduzieren Sie schließlich den Kontrast (mit **Helligkeit/ Kontrast**) und erzeugen Sie eine Vignette, wie hier oder auf Seite 111 zu sehen.

FALSCHER FISCHAUGEN-EFFEKT

 10 MINUTEN

 MITTEL

Der Effekt eines Fischaugenobjektivs ist unverkennbar; und so erzeugen Sie ihn in Photoshop.

BEGINNEN SIE HIER

Diese Technik nutzt Photoshops Verzerrungsfilter. Am besten nutzen Sie Landschaftsaufnahmen. Denken Sie daran, dass Sie den Filter für einen stärkeren Effekt auch mehr als einmal anwenden können.

Siehe auch:
Falsches Miniaturmodell: S. 134

Ergebnis

Am besten eignen sich Fotos, die mit einem Weitwinkel-objektiv aufge-nommen wurden und wo sich das Hauptmotiv nicht zu nah am Rand befindet.

Original

Schritt 01

Wenn Farb- oder Kontrastkorrekturen am Bild notwendig sind, dann jetzt. Wählen Sie **Bild>Bildgröße** (oder drücken Sie Strg-Alt-i / ⌘-⌥ -i). Deaktivieren Sie die Option **Proportionen erhalten** und passen Sie die Breite an die Höhe an. Klicken Sie auf OK, um ein quadratisches Bild zu erhalten.

Schritt 02

Wählen Sie **Filter>Verzerrungsfilter >Wölben**. Verschieben Sie den Regler in der Dialogbox auf 100% und lassen Sie den Modus bei **Normal**. Aktivieren Sie nun die **Auswahlellipse**. Halten Sie die Shift-Taste gedrückt und erstellen Sie im Bild eine runde Auswahl, die dem verzerrten Bereich entspricht.

Schritt 03

Wenn Sie keine exakte Auswahl hinbekommen, wählen Sie **Auswahl>Auswahl transformieren** und - halten Sie dabei die Shift-Taste gedrückt - ziehen Sie an den Eckpunkten, um die Auswahl zu skalieren.

Schritt 04

Kehren Sie die Auswahl um (**Auswahl>Auswahl umkehren**) und wählen Sie **Bearbeiten>Fläche füllen**. In der Dialogbox wählen Sie **Schwarz** im Popup-Menü **Verwenden** und klicken auf OK.

Schritt 05

Kehren Sie die Auswahl schließlich erneut um und wählen Sie **Filter> Renderfilter>Blendenflecke**. Klicken Sie in die Vorschau und platzieren Sie den Mittelpunkt der Blendenflecke am Rand des Kreises - bei etwa zwei Uhr.

KAPITEL 7

KUNST UND SPEZIALEFFEKTE

Die Fähigkeit von Photoshop, aus Fotos alles zu machen, von einer Grafik im Warhol-Stil bis hin zu Aquarell-Bildern, macht das Programm zu einem wertvollen Werkzeug für Digitalkünstler. Dieses Kapitel gibt Ihnen einen Vorgeschmack der dramatischen Effekte, die Sie mit recht einfachen Techniken erzielen können.

Natürlich macht Photoshop das alles nicht allein - das ist Ihre Aufgabe. Jeder, der erwartet, mit einem Klick geniale Kunstwerke zu schaffen, wird enttäuscht sein.

Sicher hat Photoshop jede Menge Kunstfilter, die Mal- und Zeichentechniken aus der echten Malerei imitieren, aber die Ergebnisse sind selten wirklich beeindruckend (wenn Sie sehr realistische Effekte wünschen, verwenden Sie Corel Painter).

Sie sind nicht nur nicht besonders überzeugend, sondern auch sofort als Photoshop- Effekte erkennbar. Viele Photoshop-Neulinge ma-

chen den Fehler und denken, ein schlechtes oder langweiliges Foto würde zum Kunstwerk, weil sie den Filter Kanten betonen darauf loslassen.

Eines sollten Sie von mir wissen: Ich mag eigentlich digitale Maleffekte nicht. Ich finde ein Foto hat nichts davon, in ein Ölgemälde verwandelt zu werden, egal, wie überzeugend das auch geschehen mag. Fotos sollten Fotos sein und Gemälde sollten richtig gemalt werden. Ich muss mich also nicht dafür entschuldigen, dass dieses Kapitel Techniken nur anreißt, die echte Kunsttechniken imitieren.

SCHNELLE GRAFIKEBENEN
5 MINUTEN
LEICHT

Verwandeln Sie Ihre Fotos in effektvolle, kontrastreiche Grafiken – in ein paar Schritten.

Beginnen Sie hier

 Photoshop bietet viele Möglichkeiten, freche Grafikeffekte zu erzeugen – vom einfachen Aufbessern von Kontrast und Sättigung bis zum cleveren Überblenden von Ebenen – am besten, Sie experimentieren.

 Siehe auch:
Andy Warhol imitieren: Seite 120
Füllmethoden: Seite 32

Auf Seite 43 haben Sie erlebt, wie die Überlagerung eines Bildes mit einer veränderten Version seiner selbst und verschiedenen Füllmethoden zu dramatischen Effekten führen kann. Auf den Seiten 100–102 verwendeten wir eine ähnliche Technik, um verschiedene Unschärfe-Effekte zu erzielen.

Auf den nächsten Seiten betrachten wir zwei einfache Zwei- oder Drei-Schritt-Techniken, um schnelle grafische Versionen von Fotos zu erstellen. Betrachten Sie diese Idee als Ausgangspunkt für eigene Arbeiten; auch die kleinsten Änderungen der Einstellungen können zu deutlich anderen Ergebnissen führen. Wichtig ist, wie immer, zu experimentieren. Notieren Sie sich, was Sie tun, damit Sie den Prozess später wiederholen und ähnliche Effekte erzeugen können.

Schritt 01

Wir beginnen mit dem Tontrennungseffekt aus dem linken Bild. Öffnen Sie Ihr Bild und duplizieren Sie die Hintergrundebene (Strg-J / ⌘-J).

Schritt 02

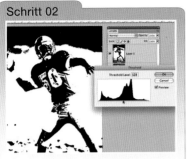

Aktivieren Sie die obere Ebene, wählen Sie **Ebene>Korrekturen >Schwellenwert** und verschieben Sie den Regler, bis Ihnen die Schwarz-weiß-Balance gefällt. Oder probieren Sie **Filter>Zeichenfilter>Stempel** oder **Gerissene Kanten**.

Schritt 03

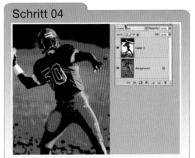

Ändern Sie die Füllmethode für die obere Ebene in Multiplizieren oder Abdunkeln. Wählen Sie die untere Ebene aus und erhöhen Sie die Sättigung deutlich. Wählen Sie dazu **Bild>Korrekturen>Farbton/ Sättigung.**

Schritt 04

Um den Effekt abzuwandeln, kolorieren Sie die untere Ebene (wieder mit Farbton/Sättigung - siehe S. 61 und 94).

MACHEN SIE JEMANDEN ZUR COMIC-FIGUR

Mit einer Variation der eben gezeigten Technik können Sie Ihren eigenen Cartoon erstellen.

Duplizieren Sie die Hintergrundebene, wenden Sie jedoch hier den Filter Rasterungseffekt an (zu finden unter **Filter>Zeichenfilter**). Verwenden Sie die Einstellungen wie hier als Ausgangspunkt.

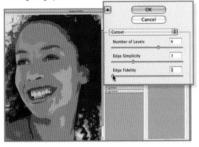

Kehren Sie zur Hintergrundebene zurück und wählen Sie **Filter> Kunstfilter>Farbpapier-Collage.** Bewegen Sie die Regler, bis Farbton und Details passen.

Ändern Sie schließlich die Füllmethode der oberen Ebene in Weiches Licht und erhöhen Sie die Sättigung der unteren Ebene. Hier malte ich außerdem auf der unteren Ebene, um etwas mehr Farbe in die weißen Bildbereiche zu bringen.

WEITERE EBENEN-IDEEN

Experimentieren Sie mit Ebenen, um grafische Effekte zu erzielen, dann werden Sie schnell feststellen, dass Sie mit einem oder zwei Schritten endlos viele Ergebnisse erhalten.

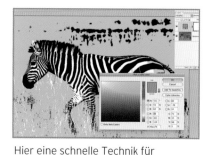

Mit derselben Technik wie auf Seite 117 mit Tontrennung im Hintergrund auf 4 Ebenen für einen farbigen Grafikeffekt.

Hier dieselbe Technik – dieses Mal wurde die Hintergrundebene mit **Filter>Kunstfilter>Ölfarbe getupft** weichgezeichnet.

Hier eine schnelle Technik für radikale grafische Effekte. Statt die Hintergrundebene zu duplizieren, fügen Sie eine Volltonfarbe-Füllebene hinzu (**Ebene>Neue Füllebene>Volltonfarbe**) – wählen Sie eine beliebige Farbe und die Füllmethode Hart mischen. Experimentieren Sie jetzt mit verschiedenen Farben, indem Sie auf die Miniatur der Füllebene doppelklicken.

PSEUDO-SOLARISATION

Solarisation war seit ihrer Entdeckung im 19. Jahrhundert als Dunkelkammereffekt beliebt. Seit Langem wird sie mit dem Fotografen in Verbindung gebracht, der sie berühmt machte: Man Ray.

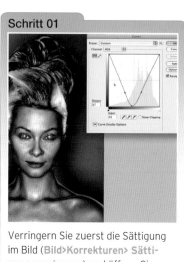

Schritt 01

Verringern Sie zuerst die Sättigung im Bild (**Bild>Korrekturen> Sätti-gung verringern**) und öffnen Sie dann den **Gradationskurven**-Dialog (**Bild>Korrekturen> Gradationskur-ven**). Ziehen Sie beide Enden der Kurve nach oben, die Mitte nach unten, um diese V-Form zu erzeugen.

Schritt 02

Ich finde, der Solarisationseffekt sieht mit feinen Tonwerten besser aus – hier füge ich mit Farbbalance ein kühles Blau hinzu (**Bild>Korrekturen>Farbbalance**).

PROBIEREN SIE DIES: DIE FARBEN DER STADT

Schritt 01

Sie müssen nicht immer alles auf den Kopf stellen, um einen frechen Effekt zu erzielen. Manchmal hilft ein subtiler Farbeffekt. Öffnen Sie zuerst Ihr Bild und korrigieren Sie Belichtungsprobleme mit Tonwertkorrektur (S. 49).

Schritt 02

Reduzieren Sie die Sättigung mithilfe einer Farbton/Sättigung-Einstellungsebene auf -70. Hier wählte ich die Grüntöne und reduzierte ihre Sättigung auf -100.

Schritt 03

Kehren Sie zur Hintergrundebene zurück. Wählen Sie Filter>Scharfzeichnungs-filter>Unscharf maskieren. Verwenden Sie einen großen Radius (80-120 Pixel) und eine Stärke von 75-100%.

Schritt 04

Fügen Sie dann eine Farbbalance-Einstellungsebene hinzu und erzeugen Sie damit einen gelblichen Stich in den Mitteltönen (hier verwendete ich +24, +7, -37).

WEITERE EINFACHE EFFEKTE

Über die Vielfalt dieser Effekte könnte man ein ganzes Buch schreiben.

Kontrast massiv erhöhen mit Tonwertkorrektur und Gradationskurven, dann Färben.

Füllmethode Hart mischen, um ein stark weichgezeichnetes Ebenenduplikat zu überblenden.

Eine bunte Verlaufsumsetzung-Einstellungsebene hinzufügen.

ANDY WARHOL IMITIEREN
🕐 30 MINUTEN
▦ FORTGESCHRITTEN

Lassen Sie sich für einen echten Hingucker von einem der symbolhaftesten Künstler des 20. Jahrhunderts inspirieren.

Beginnen Sie hier

 Sie brauchen ein Grundverständnis von Ebenen, Auswahl- und Malwerkzeugen, wenn Sie aber den Schritten folgen, sollten Sie keine Probleme haben.

 Siehe auch:
Grafische Ebeneneffekte: Seite 116
Ebenen: Seite 30
Farbton/Sättigung: Seite 60
Tonwertkorrektur und Histogramme: S. 48

 Ergebnis

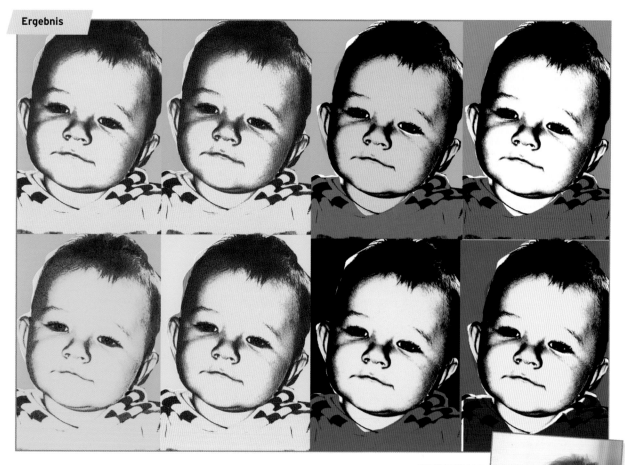

 Original

Andy Warhol schuf einige der wohl aufregendsten Bilder der Pop-Art und ein halbes Jahrhundert später verkaufen sich seine typischen Gemälde für Millionen. Einen Ihrer Schnappschüsse in einen falschen Warhol zu verwandeln, ist recht einfach, heraus kommt ein gezeichnetes Porträt, das Leben in jedes Wohnzimmer bringt – und viel preiswerter ist als ein echter Warhol. Für den Warhol-Look verwenden wir eine Variante der Ebenen-Technik von S. 116 und 117 und obwohl der Prozess recht langwierig ist, ist er dennoch einfach und dauert nicht ewig.

Schritt 01

Beginnen Sie mit einem schönen, scharfen Porträt; Blitzaufnahmen mit starkem Kontrast sind bestens geeignet. Stellen Sie das Bild frei (ich drehe es auch, um das Gesicht gerade auszurichten).

Schritt 02

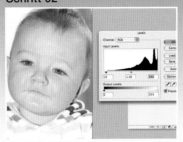

Erhöhen Sie den Kontrast etwas. Hier verwende ich Tonwertkorrektur, Sie können aber auch andere Werkzeuge einsetzen (Helligkeit/Kontrast, Tonwertkorrektur, Gradationskurven, Tiefen/Lichter).

Kurzer Tipp

Viele Firmen bieten an, Ihr Bild auf eine Leinwand zu drucken, warum also nicht ein paar Variationen drucken lassen und etwas »Pop« ins Zimmer holen?

Schritt 03

Zeichnen Sie mit dem Lasso (ein Freihand-Auswahlwerkzeug) eine grobe Auswahl um den Kopf. Das muss nicht zu genau sein (der Effekt funktioniert nicht, wenn die Auswahl perfekt ist), aber versuchen Sie, mit dem Lasso nicht ins Gesicht zu malen.

Schritt 04

Wir wollen den ausgeschnittenen Kopf auf eine neue Ebene legen. Tun Sie das mit Ebene>Neu>Ebene durch Kopie.

Schritt 05

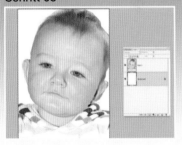

Kehren Sie zur Hintergrundebene zurück (klicken Sie in der Ebenen-Palette) und löschen Sie deren Inhalt (Bearbeiten>Alles auswählen, dann Löschtaste drücken).

Schritt 06

Füllen Sie nun die Hintergrundebene mit einer hellen Farbe; hier verwende ich ein eher unangenehm leuchtendes Grün. Welche Farbe Sie wählen, ist eigentlich egal, wir ändern sie später.

Schritt 07

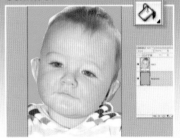

Am einfachsten füllen Sie mit dem Füllwerkzeug (dem Farbeimer). Mit dem Hintergrund sind wir jetzt erst einmal fertig, klicken Sie also in die obere Ebene.

Schritt 08

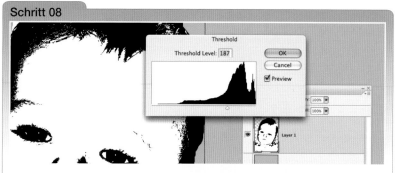

Dieser Schritt ist wichtig – er wandelt das Porträt in eine Schwarzweißzeichnung um. Dazu gibt es verschiedene Möglichkeiten. Eine ist der **Schwellenwert**-Befehl, (Bild>Anpassungen>Schwellenwert...), der jedes Pixel entweder Schwarz oder Weiß einfärbt (der Regler bestimmt, wo die Teilung im Tonwertbereich erfolgen soll). Schieben Sie den Regler nach links und rechts, bis die Balance stimmt.

Schritt 09

Höhere Photoshop-Versionen haben eine noch bessere Option. Entfernen Sie zuerst die Farbe aus der oberen Ebene, indem Sie die Sättigung auf -100 reduzieren (Bild>Korrekturen>Farbton/Sättigung).

Schritt 10

Wählen Sie Filter>Kunstfilter>Körnung und Aufhellung. Beginnen Sie mit einer **Intensität** (10) und einer recht hohen **Körnung** (10), stellen Sie den **Aufhellungsbereich** dann so ein, dass die Hautflächen fast alle weiß sind. OK.

Schritt 11

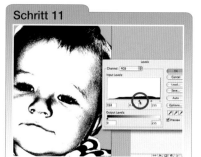

Noch ein Schritt zur Perfektion. Wählen Sie Bild> Korrekturen> Tonwertkorrektur und ziehen Sie den Schwarzregler nach rechts knapp unter die Mitte, um den gewünschten hohen Kontrast zu erzielen.

Schritt 12

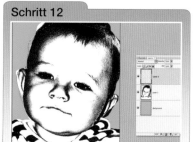

Nun fügen Sie die Warhol-Farbe hinzu. Erzeugen Sie eine neue, leere (transparente) Ebene. Ziehen Sie mit dem Lasso lose um den Bereich, den Sie einfärben wollen (hier habe ich Gesicht, Augen und Hals grob ausgewählt).

Schritt 13

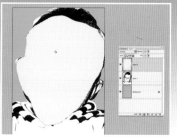

Wählen Sie eine passende Vordergrundfarbe und füllen Sie die Auswahl mit dem Farbeimer.

Schritt 14

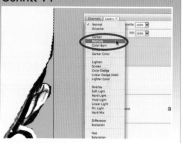

Ändern Sie die Füllmethode der in Schritt 12 und 13 erstellten Ebene (der farbigen Form) in **Multiplizieren** und reduzieren Sie deren Deckkraft auf 80%.

Schritt 15

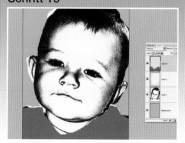

Wiederholen Sie den Prozess für jeden Bereich, den Sie färben wollen (Sie sehen, ich habe grobe Löcher in die Gelb/Haut-Ebene radiert).

Schritt 16

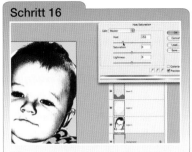

Nun zur Feinabstimmung der Farbe. Bessern Sie Farbton, Sättigung und Helligkeit jeder Farbebene nach (mit Bild>Korrekturen>Farbton/Sättigung), bis Sie mit dem Ergebnis zufrieden sind.

Schritt 17

Ebenfalls charakteristisch für Warhols Stil ist die Wiederholung – vor allem mit Variationen. Doppelklicken Sie zuerst auf die HIntergrundebene, um sie zu bearbeiten (klicken Sie einfach auf OK, wenn der Neue-Ebene-Dialog erscheint).

Schritt 18

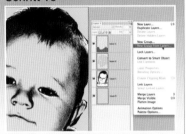

Wählen Sie alle Ebenen aus, indem Sie in der Ebenen-Palette darauf Shift-klicken, wählen Sie dann Ebene>Ebenen gruppieren (oder wählen Sie Neue Gruppe aus Ebenen aus dem Paletten-Menü der Ebenen-Palette.

Schritt 19

Wählen Sie Bild>Arbeitsfläche und verdoppeln Sie Höhe und Breite der Arbeitsfläche. Verwenden Sie eine Ecke als Ankerpunkt.

Schritt 20

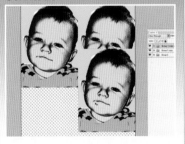

Nun können Sie die Gruppe dreimal duplizieren (Ebene>Gruppe duplizieren) oder indem Sie die Alt (⌥)-Taste halten und die Gruppe mit dem Verschieben-Werkzeug ziehen.

Schritt 21

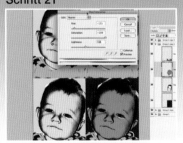

Wenden Sie nun Farbton/Sättigung auf jede Farbebene an, um interessante Varianten zu erstellen.

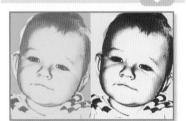
Kurzer Tipp

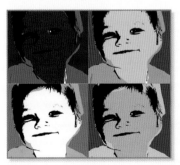

■ Probieren Sie aus, die Porträtebene von Schwarz in eine andere Farbe zu ändern (mit Färben in Farbton/Sättigung).

■ Verwenden Sie Komplementärfarben (am effektvollsten ist es meist, mit einer limitierten Palette zu arbeiten).

KALEIDOSKOP-MUSTER

⏰ 10 MINUTEN
📊 LEICHT

Erzeugen Sie mit dieser Technik ein cooles Kaleidoskop-Muster aus Ihren Fotos.

Beginnen Sie hier

 Diese Technik ist zwar einfach, aber wenn Sie sie einmal ausprobiert haben, werden Sie feststellen, dass ihre Möglichkeiten endlos sind – und das beste Ausgangsfoto zu suchen, macht süchtig.

 Siehe auch:
Ebenen: Seite 30
Freistellen: Seite 69
Collage und Montage: Seite 138

Schritt 01

Öffnen Sie Ihr Foto in Photoshop und korrigieren Sie Farbe, Helligkeit und Kontrast, wenn nötig. Sinnvoll ist auch, das Foto freizustellen, um ein abstrakteres Ergebnis zu erhalten, wenn weniger erkennbare Details zu sehen sind.

Schritt 02

Wandeln Sie die Hintergrundebene in eine normale Ebene um, indem Sie in der Ebenen-Palette doppelt darauf klicken und, in der Dialogbox auf OK klicken (die Hintergrundebene ist standardmäßig fixiert).

Schritt 03

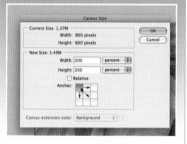

Ich werde für den Anfang ein 2x2-Muster erzeugen. Wählen Sie **Bild>Arbeitsfläche** und erhöhen Sie die Höhe und Breite auf jeweils 200%. Benutzen Sie die linke obere Ecke als Ankerpunkt.

Schritt 04

Duplizieren Sie jetzt die Ebene mit Ihrem Foto (**Ebene>Ebene duplizieren**) dreimal (so dass Sie insgesamt vier Kopien haben).

Schritt 05

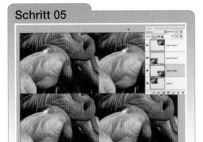

Positionieren Sie mit dem Verschieben-Werkzeug jede Ebene in einer Ecke (sie sollten sich an den Dokumenträndern ausrichten). Zum Auswählen klicken Sie einfach auf eine Ebene.

Schritt 06

Spiegeln Sie jede Ebene mit Ebene>Transformieren: horizontal (links oben), vertikal (rechts unten) und horizontal und vertikal (unten links).

Schritt 07

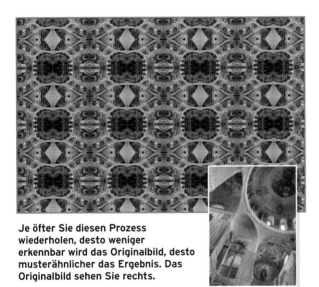

Hier habe ich vier Ebene in eine reduziert und den gesamten Prozess wiederholt, so dass das Bild nun insgesamt 16 Kopien des Originalbildes enthält.

MIT DIESER TECHNIK EXPERIMENTIEREN

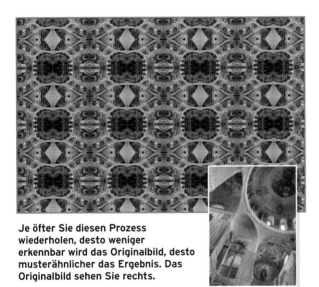

Je öfter Sie diesen Prozess wiederholen, desto weniger erkennbar wird das Originalbild, desto musterähnlicher das Ergebnis. Das Originalbild sehen Sie rechts.

Auch Gesichter können sehr wirkungsvoll sein.

Experimentieren Sie damit, die vier Teile völlig unterschiedlich zu positionieren.

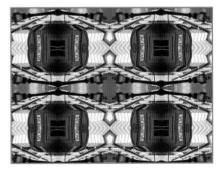

Erhöhen Sie Sättigung und Kontrast für einen noch auffälligeren Effekt.

VERWANDELN SIE IHRE FOTOS IN GEMÄLDE UND SKIZZEN

Sie wollten immer schon Maler sein, haben aber weder Talent noch Zeit? Dann sollten Sie sich die Sammlung von Kunstfiltern in Photoshop genauer anschauen

Bevor Sie wegen der langen Liste von Kunsteffekten in Photoshop ausflippen, sollten Sie sich zwei Dinge merken: Zum einen sind viele davon - nun ja - nicht besonders gut und wurden seit Jahren nicht verändert.

Anwender, die es schaffen, überzeugende, natürlich wirkende Effekte mit Photoshop zu erzielen, absolvieren dazu meist viele komplizierte Schritte und legen selbst Hand an, so dass man damit selbst ein ganzes Buch füllen könnte. Auch hier sind Künstler am erfolgreichsten, die mit Grafiktabletts ihre eigenen Striche hinzufügen können.

Das zweite Problem mit dem Photoshop-Filtern ist, dass die wenigen, die akzeptable Ein-Klick-Ergebnisse liefern, so überstrapaziert werden, dass sie bereits auf den ersten Blick erkannt und als Digitalbild identifiziert werden und so besser vermieden werden sollten.

Dennoch finden Sie in Photoshop eine Vielzahl von Werkzeugen, um Ihre Fotos in Gemälde oder Zeichnungen zu verwandeln - und seit der Filtergalerie experimentiert es sich´damit viel einfacher.

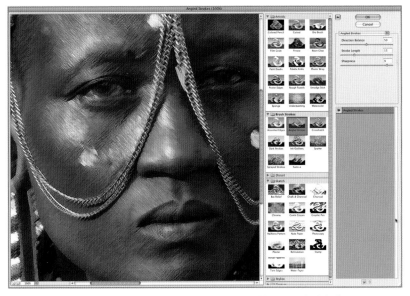

Wenn Sie eine der Optionen aus dem Filter-Menü wählen, erscheint die Filtergalerie, in der Sie verschiedene Effekte ausprobieren können. **Gekreuzte Malstriche** erzeugt schon mit einem Klick ein relativ natürliches Ergebnis.

Manche Filter, wie **Dunkle Malstriche** (hier zu sehen), erzeugen angenehme grafische Ergebnisse – obwohl die Bilder nicht wirklich aussehen, als hätte sie jemand gemalt.

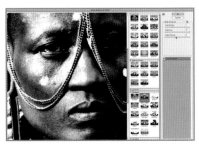

Bei allen Filtern ist es wichtig, mit den Reglern zu spielen, denn alle haben großen Einfluss auf das Endergebnis.

Die Zeichenfilter scheinen effektvoller zu sein als die Malfilter; hier **Kreide und Kohle**.

Kurzer Tipp

■ Probieren Sie einen Gerissene-Kante-Effekt aus (S. 131), um einen Effekt überzeugender wirken zu lassen.

■ Wenden Sie Filter auf mehrere Ebenen mit verschiedenen Füllmethoden an, um einen weniger Photoshop-typischen Effekt zu erzeugen.

■ Wenn Sie sich über die Wirkung eines Filters nicht sicher sind, probieren Sie mit Filter>Filtergalerie alle aus (seit Photoshop CS). Betrachten Sie sie immer bei 100%.

■ Stellen Sie die Bildgröße immer ein, bevor Sie einen Kunstfilter anwenden – vor allem bei Pinselstrichen ist das wichtig. Wenn Sie ein Bild mit hoher Auflösung sehr klein ausgeben, wird der Effekt im Zweifel fast unsichtbar. Wenden Sie deshalb Bild>Bildgröße an, bevor Sie den Effekt probieren, dann sind die Pinselstriche deutlicher erkennbar.

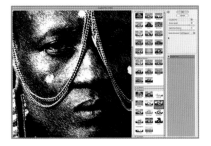

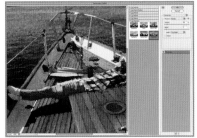

Alle Zeichenfilter verwenden die aktuellen Vorder- und Hintergrundfarben. Stellen Sie diese also vorher ein, um keine Überraschungen zu erleben.

Viele der Kunst/Pinselstrichfilter sehen überzeugender aus, wenn Sie eine Papierstruktur hinzufügen (Filter> Strukturierungsfilter>Mit Struktur versehen, **Sackleinen** oder **Leinwand**).

127

KUNSTPROTOKOLL-PINSEL-TECHNIK

 30 MINUTEN
 FORTGESCHRITTEN

Erzeugen Sie mit den Kunstprotokoll-Pinsel eine realistische Kreidezeichnung.

Beginnen Sie hier

Hier sind Ihre Mausfähigkeiten gefragt, deshalb ist diese Technik nicht ganz einfach anzuwenden. Allerdings lohnt sich das Ergebnis, wenn alles funktioniert.

Siehe auch:
Verwandeln Sie Ihre Fotos in Gemälde und Skizzen, S. 126

In punkto natürlicher Filter ist Photoshop nicht besonders gut ausgerüstet - Maleffekte und so weiter. Aber ein Werkzeug gibt es, das ziemlich eindrucksvolle Effekte erzeugt, mit etwas Übung und den richtigen Einstellungen: der Kunstprotokoll-Pinsel.

Diese Technik funktioniert besonders gut bei starken, einfachen Porträts. Diese Studioaufnahme ist recht simpel ausgeleuchtet und vor einem einfarbigen Hintergrund angeordnet.

 Original

Kurzer Tipp

- Verwenden Sie einen kleinen Pinsel (bei kleinen Bildern bis zu 1 Pixel) mit hoher Deckkraft für die detailreichsten Bereiche.
- Mit den Zifferntasten (0-9) passen Sie die Deckkraft an (2 für 20% etc.)
- Der Kunstprotokoll-Pinsel lässt sich bei Bildern mit geringer Auflösung besser steuern.
- Der Schlüssel zum erfolgreichen Arbeiten sind Übung und Experimentieren.

Ergebnis

Schritt 01

Öffnen Sie zuerst Ihr Bild in Photoshop. Verstärken Sie den Kontrast mit Gradationskurven oder Tonwertkorrektur. Sorgen Sie sich nicht um die Farben, die spielen im Ergebnis keine Rolle.

Schritt 02

Wählen Sie eine neue Hintergrundfarbe, indem Sie in der Werkzeugpalette auf das Farbfeld klicken. Wählen Sie im Farbwähler einen Sepia-Ton, hier verwende ich R175, G137, B84.

Schritt 03

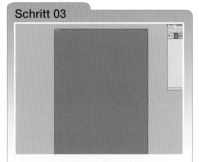

Klicken Sie auf OK, um die neue Hintergrundfarbe anzunehmen. Wählen Sie Bearbeiten> Alles auswählen und drücken Sie Strg-Löschtaste/⌘-Löschtaste, um die Arbeitsfläche damit zu füllen.

Schritt 04

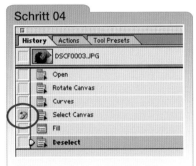

Öffnen Sie die Protokoll-Palette (Fenster>Protokoll) und wählen Sie die Quelle für den Protokollpinsel, indem Sie links von Arbeitsfläche auswählen klicken.

Schritt 05

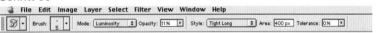

Wählen Sie jetzt den Kunstprotokoll-Pinsel (halten Sie die Alt/⌥-Taste und klicken Sie auf den Protokoll-Pinsel, das Icon ist ein Pinsel mit Wellenlinie). Jetzt passen Sie die Optionen an:
- Stellen Sie die **Größe** auf ca. 5 Pixel.
- **Modus** auf **Luminanz** (Sie malen nur hell oder dunkel, nicht mit einer Farbe);
- **Deckkraft** ca. 10-15%;
- **Art**: **Dicht lang**.
- Probieren Sie als **Bereich** ca. 200-400 Pixel (ca. ein Fünftel der Breite Ihres Bildes in Pixel).
- Lassen Sie die **Toleranz** bei 0%.

Die Pinselgröße definiert die Größe der einzelnen Striche, der Bereich legt fest, wie viele Striche aufgebracht werden – und auf welcher Fläche – wenn Sie malen.

Schritt 06

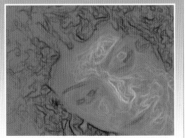

Malen Sie schnell über die Arbeitsfläche, um grob den Umriss Ihres Motivs abzubilden. Malen Sie nicht bis an den Rand und nicht zu viele Striche, hier übertreibt man es leicht.

Schritt 07

Experimentieren Sie jetzt mit verschiedenen Pinselgrößen (klein für detailreiche Flächen, groß für unscharfe Bereiche), Bereich- und Deckkraftwerten, um das Gesicht zu malen. Verwenden Sie bei Fehlern die **Protokoll**-Palette.

Schritt 08

Wenn Ihnen der Effekt gefällt, wählen Sie Filter>Strukturierungsfilter> Mit Struktur versehen mit der Struktur Leinwand und Licht **Oben rechts** oder **Oben links**. Passen Sie **Skalierung** und **Reliefhöhe** nach Belieben an.

RAHMEN UND KANTENEFFEKTE

Verleihen Sie Ihren Bildern mehr Wirkung durch einen einfachen Rahmen oder zeigen Sie Kreatvität mit einer Kante.

Es ist erstaunlich, wie die ein fachsten Dinge – wie ein einfacher Rahmen oder Rand – wesentliche Auswirkungen auf die Präsentation Ihrer Bilder haben. Es gibt unheimlich viele Möglichkeiten, einen Rahmen hinzuzufügen. Experimentieren Sie, so viel Sie wollen, für meinen Geschmack sind die klassischen Rahmen jedoch am effektvollsten.

EINFACHE LINIEN UND RÄNDER

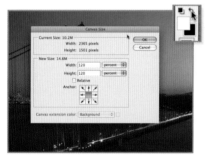

Am schnellsten fügen Sie einen Rand zu einem Bild hinzu, indem Sie die Arbeitsfläche vergrößern (**Bild>Arbeitsfläche**). Wählen Sie in der Werkzeugpalette die Hintergrundfarbe nach Wunsch aus.

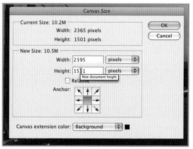

Für einen weißen Nadelstreifen wählen Sie Weiß und erweitern die Arbeitsfläche in beide Richtungen um wenige Pixel. Wiederholen Sie das mit Schwarz und einer etwas größeren Pixelanzahl.

Mit dieser Methode können Sie mehrere Nadelstreifen erzeugen – hier habe ich vier hinzugefügt – Weiß 10 Pixel, Schwarz 60 Pixel, weiß 10 Pixel und schließlich Schwarz 300 Pixel.

Um flexibler zu sein, machen Sie die Hintergrundebene bearbeitbar (Doppelklick auf die Hintergrundebene in der Ebenen-Palette) . Erzeugen Sie eine weitere Ebene darunter.

Nun erzeugen Sie einen Nadelstreifen, indem Sie eine Kontur zur oberen Ebene hinzufügen (mit Ebenenstilen, S. 33).

Der Vorteil von Ebenen ist, dass Sie schnell mit verschiedenen Linien und Rahmenfarben experimentieren können, ohne immer wieder von vorn beginnen zu müssen.

EBENEN ALS RAND DUPLIZIEREN

Versuchen Sie, Ebenen zu duplizieren und als Rand zu verwenden. Hier wurde die Hintergrundebene weichgezeichnet und ihre Sättigung verringert. Eine Kontur und ein Schlagschatten wurden auf das herunterskalierte Duplikat des Originals auf einer separaten Ebene angewendet (**Bearbeiten>Transformieren>Skalieren**).

KANTEN MIT EBENEMASKEN

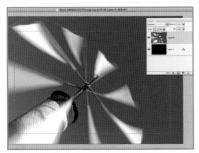

Machen Sie die Hintergrundebene bearbeitbar und platzieren Sie sie über einer gefüllten Ebene. Erzeugen Sie jetzt eine rechteckige Auswahl vom Rand.

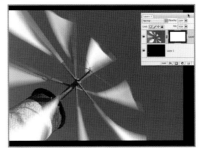

Wählen Sie **Ebene>Ebenenmaske >Auswahl einblenden**. Sie sehen, dass dort ein Rand erscheint, wo die Maske den Bereich außerhalb Ihrer Auswahl verdeckt.

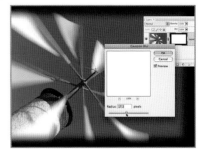

Sie können die Ebenenmaske jetzt beliebig bearbeiten. Hier wendete ich einen Gaußschen Weichzeichner auf die Ebene an, um meinem Bild eine Art weiche Vignette zu geben.

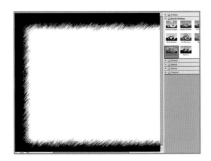

Experimentieren Sie mit den verschiedenen Zeichen-, Verzerrungs- und Malfiltern im Filter-Menü, um den Rand Ihrer Maske zu bearbeiten.

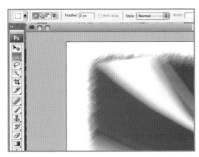

Das Schöne an Ebenenmasken ist, dass Sie leicht verschiedene Farbfüllungen für die untere Ebene ausprobieren können.

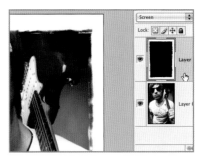

Erzeugen Sie eine Ebene mit einem schwarzweißen Rand und legen Sie sie in eine Ebene über Ihrem Bild. Ändern Sie die Füllmethode in **Negativ multiplizieren**.

DEN TAG ZUR NACHT MACHEN

 20 MINUTEN
FORTGESCHRITTEN

Warum sich Nächte um die Ohren schlagen, wenn Photoshop jedes Foto in eine Nachtaufnahme verwandeln kann?

Beginnen Sie hier

 Hierzu sollten Sie Ebenen verstehen, auch Einstellungsebenen und Malwerkzeuge. Diese Methode funktioniert bei fast allen Landschaftsaufnahmen, manche Schritte müssen Sie aber nachbessern.

 Siehe auch:
Füllmethoden für Ebenen: Seite 34
Einstellungsebenen: Seite 44

Schritt 01

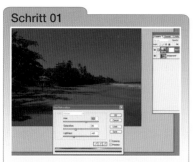

Wir beginnen mit der Grundfarbe des Bildes. Nachtaufnahmen haben meist keine Farbinformationen, dafür aber einen starken Blaustich. Wählen Sie **Ebene>Neue Einstellungsebene> Farbton/Sättigung**. Klicken Sie in der Dialogbox auf OK und probieren Sie in der Farbton/Sättigung-Dialogbox (Färben aktiv) folgende Werte: Farbton 230, Sättigung 35, Helligkeit -40.

Ergebnis

Original

Schritt 02

Nun zum Mond. Wenn Sie selbst kein Foto vom Mond besitzen, finden Sie eines unter **www.freedigitalphotos. net/image/s_full-moon.jpg**. Ziehen Sie es mit dem **Verschieben**-Werkzeug in Ihr Bild – es erscheint dort als neue Ebene.

Schritt 03

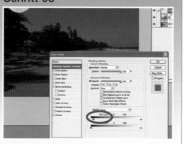

Doppelklicken Sie in die Miniatur der Mond-Ebene, in der Ebenenstile-Dialogbox sehen Sie die Fülloptionen. Schieben Sie den Regler für Diese Ebene nach rechts, wie in der Abbildung zu sehen. Der schwarze Bereich der Ebene verschwindet.

Schritt 04

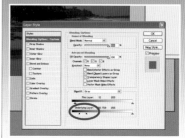

Um den Mond wie hinter den Bäumen wirken zu lassen, schieben Sie den Tiefen-Regler für die darunter liegende Ebene etwas nach rechts. Halten Sie nun die Alt (⌥)-Taste, um den Regler zu teilen, und ziehen Sie etwas weiter (siehe oben). Nun schauen die Zweige des Baumes hindurch.

Schritt 05

Nun etwas Mondlicht. Erzeugen Sie eine neue transparente Ebene über der Einstellungsebene aus Schritt 1. Benutzen Sie den Pinsel mit einer großen, weichen Spitze und weißer Farbe und malen Sie dort auf die leere Ebene, wohin das Mondlicht fallen soll.

Schritt 06

Verringern Sie die Deckkraft der neuen Ebene auf 60 bis 70% und die Füllmethode in Ineinanderkopieren. Verschieben Sie die Mondlicht-Ebene im Stapel unter die Farbton/Sättigung-Einstellungsebene. Um den Effekt noch realistischer zu machen, bearbeiten Sie die Mondlicht-Ebene weiter mit Pinsel und Radiergummi.

Schritt 07

Wählen Sie die Hintergrundebene aus und nehmen Sie den Nachbelichter aus der Werkzeugpalette. Wählen Sie eine große, weiche Pinselspitze und stellen Sie den Bereich auf Tiefen. Mit schwingenden Strichen dunkeln Sie das Bild oben und unten ab. Ich fügte mit der Methode aus Schritt 2/3 noch Wolken hinzu.

STRASSE BEI NACHT – MIT EINSTELLUNGSEBENEN

Mit einigen sorgfältigen Pinselstrichen erzeugen Sie eine stimmungsvolle Nachtszene.

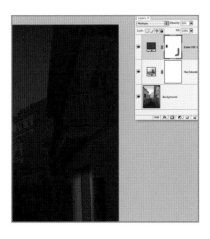

Fügen Sie eine Farbton/Sättigung-Einstellungsebene hinzu und aktivieren Sie die **Färben**-Option mit Farbton 31 und Sättigung 77.

Stellen Sie die Vordergrundfarbe auf Schwarz und wählen Sie eine große, weiche Pinselspitze mit einer Deckkraft von ca. 30%. Malen Sie auf der Ebenenmaske der Füllebene, wohin das Licht fallen sollen.

Um dem Straßenlicht eine besonderen Schein zu verleihen, malte ich mit einem weichen Pinsel und weißer Farbe auf die untere Ebene.

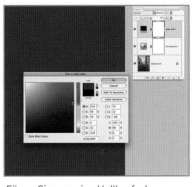

Fügen Sie nun eine Volltonfarbe-Füllebene hinzu und wählen Sie ein schönes Dunkelblau. Wählen Sie die Füllmethode **Multiplizieren**.

IMITIERTE MINIWELT

10 MINUTEN
MITTEL

Die Welt wird klein mit dieser einfachen, aber sehr effektvollen Methode, Makroaufnahmen zu imitieren.

Beginnen Sie hier

Für diese Technik brauchen Sie Photoshop CS oder höher, denn sie basiert auf dem Filter Tiefenschärfe abmildern.

Siehe auch:
Tiefenschärfe reduzieren: Seite 103
Maskierungsmodus: Seite 27
Freistellen: Seite 69

Lange Zeit benutzten Fotografen Tilt-Shift-Objektive, um die Fokusebene im Bild zu verschieben und die Tiefenschärfe in Nahaufnahmen zu erhöhen. Neuerdings werden sie aber gern kreativer eingesetzt – um normale Landschaften in real aussehende Miniaturen oder Modelle zu verwandeln.

Diese optische Illusion kann sehr wirkungsvoll sein. Man bearbeitet dazu ein Bild, so dass es aussieht, als wäre es mit sehr geringer Tiefenschärfe aufgenommen, was für extreme Nahaufnahmen typisch ist. Die Technik ist einfach; wichtig ist, das richtige Bild zu verwenden und es sorgfältig freizustellen, um die Illusion zu verstärken.

Das Foto muss von oben aufgenommen werden (wie man ein Modell eben fotografiert) und sollte idealerweise nicht zu komplex sein. Außerdem braucht es Helligkeit, viel Kontrast und starke Tiefen. Am besten stellen Sie das Bild so frei, dass der Himmel verschwindet und der Blick des Betrachters auf einen kleinen Teil der Szene gelenkt wird. Autos sind für diese Technik gut, solange sie klein im Bild zu sehen ist, nicht zu detailreich sind und es nur wenige davon gibt. Hier verwende ich ein Foto vom Hoover-Damm, aufgenommen aus dem Fenster eines Helikopters.

Original

Ergebnis

Schritt 01

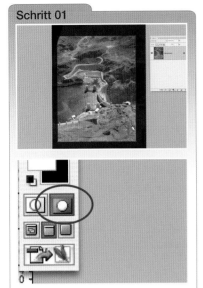

Öffnen Sie das Bild in Photoshop und stellen Sie es grob frei, um unnötigen Himmel oder sehr entfernte Bereiche zu löschen. Wechseln Sie in den **Maskierungsmodus**, indem Sie die Taste Q drücken oder auf das Icon in der Werkzeugpalette klicken.

Schritt 02

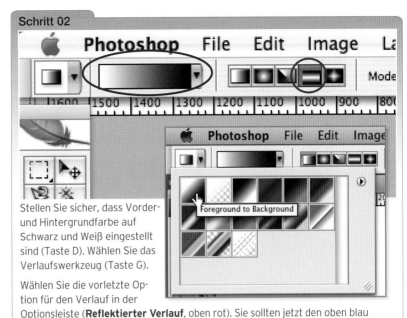

Stellen Sie sicher, dass Vorder- und Hintergrundfarbe auf Schwarz und Weiß eingestellt sind (Taste D). Wählen Sie das Verlaufswerkzeug (Taste G).

Wählen Sie die vorletzte Option für den Verlauf in der Optionsleiste (**Reflektierter Verlauf**, oben rot). Sie sollten jetzt den oben blau eingekreisten Verlauf sehen, der von links nach rechts von Weiß zu Schwarz verläuft. Falls nicht, klicken Sie auf den kleinen Pfeil rechts von der Vorschau und wählen Sie die erste Vorgabe.

Schritt 03

Klicken Sie mit dem Verlaufswerkzeug in die Bildmitte (oder dorthin, wo der Fokus sein soll) und ziehen Sie den Mauszeiger nach oben. Lassen Sie dann die Maus los. Der Verlauf erscheint als rote Überlagerung auf der Maske, wie hier zu sehen.

Schritt 04

Verlassen Sie den Maskierungsmodus (erneut Taste Q) und wählen Sie Filter> Weichzeichnungsfilter>Tiefenschärfe abmildern. Experimentieren Sie etwas mit den Einstellungen herum, die hier gezeigten sind aber ein guter Ausgangspunkt. Wenn Ihnen der Effekt gefällt, drücken Sie Enter.

Nicht-destruktiv arbeiten?

Sie fragen sich vielleicht, warum ich für die Weichzeichnung keine separate Ebene verwende, wo ich doch ständig empfehle, nicht-destruktiv zu arbeiten. Die Antwort ist einfach. Das ist hier zwar möglich, aber die Ergebnisse sind nicht so toll. Das liegt an der komplexen Bildverarbeitung des Filters.

Falls Sie eine aktive Auswahl haben (wie hier), wird die Stärke der Unschärfe durch die Auswahl/Maske definiert. Ausgewählte Bereiche liegen außerhalb des Fokus, nicht ausgewählte Bereiche sind scharf. Alles dazwischen (der Verlauf) ist teilweise unscharf, was den Übergang überzeugend gestaltet.

Mit einer Maske können Sie auf einem Duplikat arbeiten (der Filter erlaubt es, die Distanz auf einer Ebenenmaske aufzubauen), aber Sie müssen die Maske dann löschen, um den Effekt wie hier zu erhalten. Falls Ihnen das Ergebnis nicht gefällt, können Sie es nicht ändern.

Der Aufwand bringt also nichts. Außerdem müssen Sie die Maske umkehren, sonst wird der falsche Bildbereich weichgezeichnet. Aber ob sich der ganze Aufwand auszahlt?

Schritt 05

Nach einigen Sekunden sehen Sie, wie der Effekt des Filters zum oberen und unteren Bildrand hin stärker wird. Wenn Sie zufrieden sind, heben Sie die Auswahl auf (**Auswahl>Auswahl aufheben**).

Schritt 06

Zoomen Sie an dieser Stelle ein und schauen Sie sich das Ergebnis an. Vielleicht sollten Sie etwas enger freistellen, damit die Miniatur realistischer wirkt.

Schritt 07

Der Effekt ist überzeugender, wenn Sie die Lichter etwas ausbluten lassen. Öffnen Sie **Bild> Korrekturen> Gradationskurven,** klicken Sie ca. auf ein Viertel der Strecke von rechts und ziehen Sie leicht nach oben.

Schritt 08

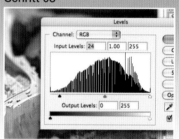

Passen Sie schließlich den Kontrast an (hier mit **Tonwertkorrektur**) und stellen Sie so sicher, dass die Tiefen auch dunkel sind. Ich finde auch, dass die Bilder von einer stärkeren **Sättigung** profitieren.

DAS FOTO AUSWÄHLEN

Sie können diese Technik auf fast jedes Foto anwenden, aber Bilder mit wenig detailreichen Strukturen vor einem einfarbigen Hintergrund scheinen am besten zu funktionieren.

Falls Menschen im Bild sind, sollten sie klein genug sein, um nicht zu prominent zu wirken. Für einen realistischen Effekt ist sorgfältiges Freistellen ebenso wichtig.

KAPITEL 8
COLLAGE UND MONTAGE

Mit den umfassenden Retusche-, Maskierungs- und Ebenen-Werkzeugen von Photoshop sind nahtlose Collagen möglich. Jedoch nicht unbedingt einfach. Dieses Kapitel betrachtet die wichtigsten Werkzeuge und Techniken, um überzeugende Montagen und schöne Collagen zu erstellen. Den Rest müssen Sie selbst meistern.

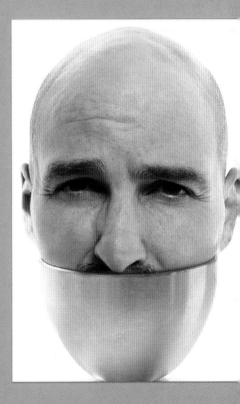

Fotomontagen können alles sein: von einfach (Hintergründe ändern, Himmel entfernen, Köpfe tauschen) bis äußerst komplex. Bei anspruchsvollen Retuschearbeiten und Montagen sind nicht selten Dutzende von Ebenen und Dateien im Spiel, das geht in die Gigabytes. Dennoch ist die Liste der Grundfertigkeiten, die Sie dazu beherrschen müssen, relativ kurz: Arbeit mit Ebenen, Auswahl erstellen, Ebenenmasken erstellen und bearbeiten sowie Farbkorrekturen.

Zwei weitere Dinge sollten Sie jedoch besitzen, wenn Sie erfolgreich montieren wollen, wobei die nicht angelesen (wohl aber geübt) werden können. Das Erste ist Vorstellungskraft - ohne Ideen und ein Auge für Komposition werden Sie nie etwas zustande bringen. Das Zweite kommt aus einem tiefen Verständnis aller Werkzeuge in Photoshop: Es ist die Fähigkeit, um die Ecke zu denken, wenn Sie mit Problemen konfrontiert werden und notfalls völlig anders an die Sache heranzugehen.

Ernsthafte Photoshop-Künstler sind ständig auf der Suche nach neuen, effizienten Möglichkeiten, das gewünschte Ergebnis zu erzielen und das sollten Sie auch sein. Das Internet ist voll von Menschen, die ihre Techniken und Geheimnisse mit Ihnen teilen, also gehen Sie auf die Suche und hören Sie nie auf zu lernen.

COLLAGE IN AKTUELLER FARBE ERSTELLEN

 30 MINUTEN

MITTEL

Kombinieren Sie Aufnahmen im Retro-Kino-Stil mit einfachen Tonwerttechniken.

Beginnen Sie hier

 Für diese Technik sollten Sie Ebenen verstehen und mit der Ebenen-Palette umgehen können. Sie sollten auch die Farbton/Sättigung-Regler einsetzen können und Hilfslinien beherrschen.

 Siehe auch:
Ebenen: Seite 30
Farbton/Sättigung: Seite 60
Schwarzweißumwandlung: Seite 94

Wenn Sie mehrere Fotos zu einer Collage zusammenbauen, endet man leicht mit einem Durcheinander aus Formen und Farben. Diese Technik – die für Porträts ebenso gut funktioniert wie für Straßenszenen – ist eine elegante, cinematische Bearbeitung, die noch nicht einmal lange dauert.

Schritt 01

Wählen Sie zuerst die Bilder aus; Sie brauchen etwa 6 oder 7, mehr nicht (es ist natürlich sinnvoll, wenn sie alle irgendwie miteinander zu tun haben). Öffnen Sie Photoshop und legen Sie ein neues, leeres Dokument in der gewünschten Zielgröße der Collage an. Ich verwende A4 (210 x 297mm), aber das steht Ihnen frei.

Schritt 02

Öffnen Sie die Bilder und stellen Sie sie frei. Ziehen Sie das erste Bild dann mit dem Verschieben-Werkzeug in das neue Dokument.

Schritt 03

Es kann sein, dass Sie dabei die Größe der Bilder anpassen müssen; klicken Sie auf die neue Ebene und wählen Sie **Bearbeiten>Frei transformieren,** um die Bilder zu verkleinern (halten Sie beim Ziehen an den Griffen die Shift-Taste gedrückt, um die Proportionen beizubehalten).

Schritt 04

Wenn Sie die einzelnen Elemente der Collage in Ihrem Masterdokument haben, können Sie sie neu anordnen. Verwenden Sie dazu das Verschieben-Werkzeug (und Frei transformieren, um die Größe ggf. anzupassen).

Schritt 05

Sinnvoll ist, Hilfslinien einzurichten, um alles ordentlich auszurichten. Wählen Sie **Ansicht>Lineale**. Sie können nun in die Lineale am Dokumentrahmen klicken und Hilfslinien herausziehen.

Schritt 06

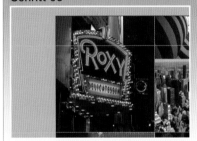

Wenn Ihnen das Layout gefällt, beginnen Sie mit dem Einfärben. Wählen Sie die Ebene aus, auf der Sie arbeiten wollen, und wählen Sie **Bild>Korrekturen>Farbton/Sättigung**. Klicken Sie auf die Option Färben und spielen Sie mit den Farbton- und Sättigung-Reglern herum, bis Sie den gewünschten Farbton gefunden haben (Sie können ihn später immer noch ändern). Sie werden sehen, dass eine etwas niedrigere Sättigung am wirkungsvollsten ist. Wiederholen Sie diesen Prozess für jede Ebene. Achten Sie auf die Harmonie der Farben.

Schritt 07

Nun können Sie einzoomen und mit dem Verschieben-Werkzeug die Ausrichtung der Ebenen verfeinern. Mit **Ansicht>Ausrichten** erleichtern Sie das Ausrichten an den Hilfslinien und enfernen sich überlagernde Bereiche mit Auswahlwerkzeugen und Löschtaste. Nun fügen Sie die weißen Rahmenlinien hinzu.

Schritt 08

Fügen Sie eine neue Ebene hinzu (**Ebene>Neu**). Legen Sie die neue Ebene im Stapel nach oben, indem Sie ihre Minatur in der Ebenen-Palette nach oben ziehen. Wählen Sie Weiß als Vordergrundfarbe und nehmen Sie den Buntstift (der erzeugt härtere Linien als der Pinsel).

Schritt 09

Wählen Sie eine Pinselgröße von 10-15 Pixel und lassen Sie die Härte bei 100%. Sie können jetzt die Trennlinien auf die leere Ebene zeichnen. Halten Sie die Shift-Taste gedrückt, um gerade Linien zu malen und positionieren Sie sie mithilfe der Hilfslinien.

SCHNELLE PUZZLE-COLLAGE

🕐 15 MINUTEN
▦ LEICHT

Dies ist ein einfacher, grafischer Effekt, um mit einem Einzelbild die Illusion mehrerer Fotos zu wecken.

Beginnen Sie hier

 Diese einfache, aber wirkungsvolle Behandlung basiert auf der »Joiner«-Collagetechnik von David Hockney. Nehmen Sie sie als Ausgangspunkt für Ihre eigenen Experimente.

 Siehe auch:
Ebenenstile: Seite 33
Ebenen organisieren: Seite 37

Schritt 01

Wir beginnen mit diesem Studioporträt, der Effekt funktioniert jedoch auch bei Landschaftsaufnahmen. Verwandeln Sie die Hintergrundebene in eine bearbeitbare Ebene (Doppelklick auf die Hintergrundebene in der Ebenen- Palette, OK im Dialog Neue Ebene).

Schritt 02

Erzeugen Sie nun eine neue Ebene (**Ebene>Neu**) unter der Ebene mit dem Foto und füllen Sie sie mit Weiß (**Bearbeiten>Füllen**). Blenden Sie die Lineale ein (**Ansicht>Lineale**) und erzeugen Sie zwei Hilfslinien, die das Bild horizontal und vertikal unterteilen (eine Hilfslinie erzeugen Sie, indem Sie sie aus dem Lineal ziehen).

Schritt 03

Fügen Sie zwei weitere Hilfslinien ein, um das Bild in Achtel zu teilen. Achten Sie darauf, dass die Option Ausrichten an Hilfslinien aktiv ist (**Ansicht>Ausrichten an>Allen**) und wählen Sie das erste Segment mit dem Auswahlrechteck aus (die Auswahl richtet sich am Bildrand und den Hilfslinien aus).

Schritt 04

Wählen Sie **Ebene>Neu>Ebene durch Ausschneiden** (oder drücken Sie Shift-Strg-J / ⇧-⌘-J). Klicken Sie in Ebene 0 (das Hauptbild) und wiederholen Sie diesen Schritt für jedes Segment. Kehren Sie vor jedem Ausschneiden wieder ins Originalbild zurück.

Schritt 05

Sobald Sie fertig sind, können Sie die Originalebene löschen (Ebene 0), so dass Ihnen 8 Ebenen bleiben, die je einen Bildausschnitt enthalten, außerdem den weißen Hintergrund aus Schritt 2.

Schritt 06

Vergrößern Sie die Arbeitsfläche (**Bild> Arbeitsfläche**) in beide Richtungen um ca. 30%. Nun füllen Sie die Hintergrundebene mit Weiß, um sicherzustellen, dass sie die neue Arbeitsfläche abdeckt.

Schritt 07

Wählen Sie die Ebenen nacheinander mit dem Verschieben-Werkzeug aus und verschieben Sie jede, um ein schönes Durcheinander zu bekommen. Gehen Sie jedoch – besonders bei Porträts – nicht zu weit.

Schritt 08

Wenn eine der Segment-Ebenen ausgewählt ist, wählen Sie **Bearbeiten> Frei transformieren** (oder drücken Sie Strg-T / ⌘-T). Stellen Sie die Maus außerhalb der Ebene an eine der Ecken und der Cursor ändert sich in den Drehen-Modus. Nun klicken und ziehen Sie, um die Ebene zu drehen.

Schritt 09

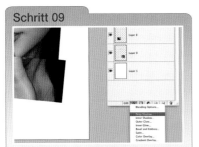

Wählen Sie die obere Ebene aus und wählen Sie die Option Schlagschatten aus den Ebeneneffekten unten in der Ebenen-Palette. In einer älteren Photoshop-Version finden Sie die Schlagschatten auch unter **Ebene>Ebenenstil**.

Schritt 10

Die verwendeten Werte basieren auf der Größe und Art Ihres Bildes, aber eine Deckkraft von 50% und eine Distanz/Größe von 5 Pixel sind gut für dieses 1.200x800 Foto. In der Vorschau können Sie entscheiden, welche Einstellungen passen.

Kurzer Tipp

■ Experimentieren Sie, indem Sie mit den Freihand-Auswahlwerkzeugen zufällige Formen ausschneiden. Die Grundtechnik ist gleich, die Segmente sind aber unregelmäßig.

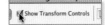

■ Aktivieren Sie die Option Transformationssteuerungen des Verschieben-Werkzeug, dann können Sie die Ebene drehen, ohne ein Menü zu verwenden.

■ Seit Photoshop CS2 können Sie Bearbeiten>Transformieren>Verkrümmen auf jede Ebene anwenden. Klicken und ziehen Sie jeden Punkt im Verkrümmen-Raster, um den Eindruck zu erwecken, dass die einzelnen Drucke nicht flach sind.

Schritt 11

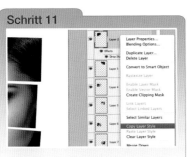

Rechtsklicken Sie in der Ebenen-Palette rechts von der Ebene mit dem Schlagschatten. Wählen Sie **Ebenenstil kopieren** aus dem Ausklappmenü. Wählen Sie alle anderen Segmentebenen aus, rechts-klicken Sie und wählen Sie **Ebenenstil einfügen**.

Schritt 12

Ein optionaler letzter Schritt ist, jeder Ebene einen weißen Rand zu geben. Verwenden Sie dieselbe Technik wie für den Schlagschatten, fügen Sie jetzt aber eine **Kontur** (**Größe**: 10-20 Pixel, **Position**: Innen, **Füllung**: Farbe - weiß) hinzu.

MONTAGEWERKZEUGE UND -TECHNIKEN

Es gibt keinen Zauberspruch für nahtlose Montagen, aber jede Menge Techniken, um sie einfacher zu machen.

Wenn Sie sich vom Anfang bis hierher durch dieses Buch gearbeitet haben, beherrschen Sie bereits die Grundtechniken für das Überblenden zweier oder mehrerer Bilder zu einer Fotomontage. Ob Sie dabei nur einen langweiligen Himmel ersetzen oder eine komplexe Komposition aus mehreren Quellbildern zusammenstellen, der Prozess ist immer gleich. Und wie immer hängt der Erfolg im Wesentlichen davon ab, wie gut Sie genaue Auswahlen und Ebenenmasken erstellen können. Egal, wie clever Sie sich die Komposition ausgedacht haben, wenn die Übergänge sichtbar sind, funktioniert sie nicht (das menschliche Auge erkennt alles, was nicht passt, glauben Sie mir).

Außer über nahtlose Masken sollten Sie sich über passende Farben, Kontrast, Beleuchtung, Perspektive und Struktur der Elemente in der Montage Gedanken machen. Photoshop bietet viele Werkzeuge, um das alles hinzubekommen, aber einige (vor allem Perspektive und Beleuchtung) erfordern fortgeschittene Techniken, die man besser professionellen Digitalkünstlern überlässt.

Aber wenn es tatsächlich einen Trick für erfolgreiche Montagen gibt - oder Ihnen zumindest das Leben zu erleichtern - dann ist es, die Bilder bereits richtig aufzunehmen. Wenn Sie ein Bild planen, bevor Sie fotografieren, spart Ihnen das später Zeit - vor allem, wenn Sie mit vielen kleinen Änderungen an Licht und Bildausschnitt arbeiten. Es ist viel leichter, ein Motiv, das vor einem einfarbigen Hintergrund

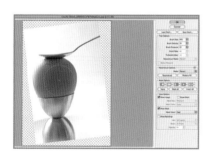

Werkzeuge wie Filter>Verflüssigen **(oben) und die verschiedenen Optionen unter** Bearbeiten>Transformieren **(rechts) bieten die Möglichkeit, Ebenen einfach und schnell zu verzerren, zu drehen, die Größe anzupassen, zu spiegeln oder zu verkrümmen, um nahtlose Übergänge und Spezialeffekte zu erzielen.**

Leider lässt sich nicht jede Auswahl oder Maske so leicht erstellen wie hier rechts.

Ein Trick ist, den Kanal mit dem stärksten Kontrast zwischen Motiv und Hintergrund zu finden und ihn als Basis für die Maske zu duplizieren.

Bearbeiten Sie diesen neuen Kanal mit Tonwertkorrektur, um den Kontrast zu erhöhen und verfeinern Sie die Maske mit dem Pinsel. Das dauert und erfordert Übung.

Wenn Sie fertig sind, laden Sie den neuen Kanal mit Auswahl>Auswahl laden **als Auswahl (aus der Sie dann eine Maske machen können).**

Diese Technik kann (abgewandelt) eingesetzt werden, um komplexe Masken zu erstellen, solange der Hintergrund nicht zu abwechslungsreich ist.

aufgenommen wurde, zu maskieren und mehrere Bilder lassen sich besser kombinieren, wenn sie alle aus derselben Position mit derselben Beleuchtung aufgenommen wurden. Deshalb beginnen so viele komplexe Werbemontagen nicht in Photoshop, sondern in einem Fotostudio mit einer Planskizze und kontrollierter Beleuchtung.

Aber die ideale und die reale Welt sind leider nicht dasselbe und nur wenige Amateur-Photoshopper haben die Zeit und die Ressourcen, jede Montage vorher zu planen. Und sie wollen es auch gar nicht; der halbe Spaß bei der Montage besteht ja darin, Möglichkeiten zu finden, vorhandene Fotos auf ungewöhnliche Art und Weise zu verarbeiten, die man sich bei der der Aufnahme nie gedacht hätte. Hier kommen Ihr Auge für die Komposition, die Auswahl- und Maskenfertigkeiten und Ihr Wissen um bestimmte Tricks und Kniffe ins Spiel, die besser werden, je mehr Sie üben.

Werkzeuge

Zwar könnten Sie so ziemlich alle Werkzeuge in diesem Buch für eine Montage einsetzen, am wichtigsten sind jedoch Ebenen (um die verschiedenen Elemente separat zu bearbeiten), Auswahlen und Masken (um Teile einer Ebene auszublenden) und die Transformieren-Werkzeuge (Bearbeiten>Transformieren), um zu skalieren, zu verzerren, zu drehen und in jüngster Zeit zu verkrümmen. Da Sie die einzelnen Elemente auch in der Farbe anpassen müssen, werden Sie kaum um die Korrekturen von Seite 48 bis 63 herumkommen.

EINFACHE MONTAGEN MIT MASKEN

Komplexe Auswahlen werden unnötig, wenn Sie mit einem weißen Hintergrund arbeiten; dann brauchen Sie nur ein paar Pinselstriche zur perfekten Maske.

Um diese beiden Bilder zu montieren, musste ich sie zuerst als separate Ebenen in ein neues Photoshop- Dokument ziehen.

Ich reduzierte kurzzeitig die Deckkraft der oberen Ebene, um besser zu sehen, was vorgeht, wenn ich diese drehe (Bearbeiten>Frei transformieren).

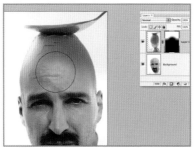

Nachdem ich zur oberen Ebene eine Maske hinzugefügt habe, musste ich nur noch mit einem großen, weichen Pinsel schwarz über die Bereiche der Maske malen, die ich ausblenden wollte.

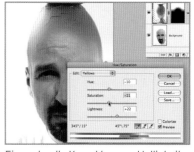

Eine schnelle Korrektur von Helligkeit, Kontrast und Farbe auf beiden Ebenen, schon werden leichte Farbmisstimmungen ausgeglichen.

Das Ergebnis nach einigen Minuten; zwei Montagen aus einigen Fotos mithilfe einer sehr einfachen, handgemalten Ebenenmaske.

Extrahieren

Filter> Extrahieren erleichtert das Ausschneiden komplexer oder detailliert geformter Objekte (wie Fell). Idiotensicher ist er nicht, aber ausprobieren lohnt sich, wenn eine Auswahl unmöglich erscheint.

1: Den Bereich festlegen, der extrahiert werden soll

Mit dem **Kantenmarker** 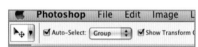 malen Sie über die Kanten des Bereichs, der extrahiert werden soll. Je kleiner der Pinsel und je enger Sie die Kante umreißen, desto besser. Für unscharfe Bereiche verwenden Sie einen großen Pinsel, für gut erkennbare Kanten die Hervorhebungshilfe.

Wenn die Kante fertig ist, füllen Sie die Fläche mit dem Füllwerkzeug.

2: Auswahl verbessern

Klicken Sie auf Vorschau und wählen Sie einen Anzeigemodus. Mit dem Kantenbereiniger machen Sie Teile der Maske deckend oder transparent, mit dem Verfeinerer bereinigen Sie die Kanten. Klicken Sie dann auf OK.

Photoshop löscht die Bereiche außerhalb der Extrahierung, arbeiten Sie also an einem Duplikat. Sie müssen die Extrahierung vermutlich noch nachbearbeiten, bevor Sie einen neuen Hintergrund einsetzen können.

Bei komplizierten Montagen sollten Sie am besten die Ebenenkomps in Photoshop verwenden (siehe nächste Seite), vor allem aber auch die Protokoll- und Schnappschuss-Funktionen (S. 18), mit denen Sie einen Schritt in der Bearbeitung zurückgehen können, falls etwas schiefgeht.

Schließlich sollten Sie sich in der Werkzeugpalette von Photoshop richtig gut auskennen, wenn Sie komplizierte Montagen gut meistern wollen. Wenn Sie Ihre Maskierungs- und Auswahlfertigkeiten perfektioniert haben, können Sie damit Probleme lösen, die sich im weiteren Prozess ergeben. Hier und in den folgenden schrittweisen Projekten habe ich versucht, die Grundlagen zu zeigen, die für den Anfang nötig sind, aber mit so wenig Platz zur Verfügung wie hier kann ich eigentlich nur an der Oberfläche kratzen.

EBENEN AUSWÄHLEN

Wenn Sie mehrere Ebenen in einer Montage haben, sollten Sie ein paar Tricks kennen, um diejenigen leichter auszuwählen, an denen Sie arbeiten wollen.

Rechtsklicken Sie mit dem Verschieben-Werkzeug ins Bild, dann erhalten Sie eine Liste der Ebenen unter dem Mauszeiger. Drücken Sie bei einem beliebigen Werkzeug die Strg (⌘)-Taste, um kurzzeitig zum Verschieben-Werkzeug zu wechseln.

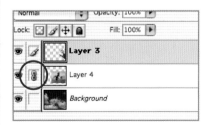

In Photoshop CS und früher müssen Sie Ebenen verbinden, um mehr als eine gleichzeitig zu verschieben oder zu transformieren.

Wählen Sie **Automatisch auswählen** aus der Optionsleiste des Verschieben-Werkzeugs, dann können Sie auf eine Ebene im Bild klicken, um deren Inhalt auszuwählen. Seit CS2 können Sie zum Auswählen auch auf eine Ebene Shift-klicken.

Falls Automatisch auswählen nicht aktiv ist (es kann manchmal stören), halten Sie die Alt (⌥)-Taste, wenn Sie auf eine Ebene rechtsklicken, um sie auszuwählen (wenn Sie nicht mit dem Verschieben-Werkzeug arbeiten, geschieht das mit Strg-Alt / ⌘-⌥-Klick).

In moderneren Versionen Strg/⌘-klicken Sie auf den Namen der Ebene in der Ebenen-Palette, um mehrere Ebenen auszuwählen.

MASKEN BEARBEITEN

In diesem Buch finden Sie viele Ebenenmasken-Techniken. Hier einige, die sich besonders bei Montagen als hilfreich erwiesen haben.

Sehr feine Strukturen wie Fell können mit konventionellen Auswahlwerkzeugen unmöglich zu maskieren sein.

Verwenden Sie stattdessen eine der eingebauten Musterpinsel-Vorgaben (oder erstellen Sie eine eigene) in der Ebenenmaske.

Die Standardbildbearbeitungen funktionieren auch bei einer Ebenenmaske. Hier habe ich in der Maske selbst einen Bereich ausgewählt und den Kontrast reduziert, um den Bereich halb transparent zu machen.

Wenn Sie prüfen wollen, wie exakt Ihre Maske ist, fügen Sie direkt darunter kurzzeitig ein Ebenenduplikat ein und kehren Sie es um (ohne Maske). Alle verstreuten Pixel sind dann zu sehen.

EBENENKOMPS (CS+)

Eine einfache Möglichkeit, mit Layouts zu experimentieren, ohne Riesendateien zu erzeugen.

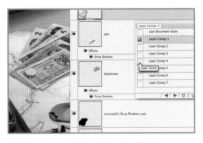

Das Protokoll haben wir auf Seite 99 betrachtet, es gibt aber eine nützliche Alternative, wenn Sie mit Kompositionen aus mehreren Ebenen experimentieren wollen. **Ebenenkomps** (Fenster>Ebenenkomp.) sind wie Schnappschüsse der Ebenen-Palette. Sie merken sich die Sichtbarkeit, den Stil und die Position aller Ebenen, so dass Sie später zurückkehren und Ihre Layouts mit verschiedenen Einstellungen vergleichen können. Ebenenkomps werden mit PSD-Dateien gespeichert und nehmen kaum Festplattenplatz ein.

FOTOMONTAGE SCHRITT-FÜR-SCHRITT

45 MINUTEN

FORTGESCHRITTEN

Zeit, alles bisher Gelernte in diese lange, aber wirkungsvolle Montage zu packen.

Ergebnis

Originale

Wenn Sie für eine Montage fotografieren, arbeiten Sie besser ohne viele Schatten (die lassen sich später besser hinzufügen als entfernen). Dasselbe gilt für den Fokus: Besser eine höhere Tiefenschärfe, denn Weichzeichnen geht leichter als Scharfzeichnen. Die Nahaufnahme vom Gesicht ist hier die Ausnahme – sie ist ebenso unscharf wie in der fertigen Komposition.

Dieses lange Projekt führt Sie durch die verschiedenen Photoshop-Techniken zum Ausschneiden und Kombinieren verschiedener Elemente in einem Bild. Wir sind nicht auf Fotorealität aus, lediglich auf ein Ergebnis, in dem das Bild im Vordergrund steht, nicht die Montagearbeit. Dazu müssen wir die Elemente nahtlos miteinander montieren.

Schritt 01

Wir beginnen mit dem Foto von der Mauer. Zuerst verwandeln wir die Hintergrundebene in eine normale bearbeitbare Ebene. Doppelklicken Sie auf ihr Icon in der Ebenen-Palette und klicken Sie in der Dialogbox auf OK.

Schritt 02

Hacken Sie nun das Loch in die Wand. Legen Sie mit dem Lasso eine Freihand-Auswahl an (handgezeichnet sieht sie natürlicher aus) und folgen Sie dem Muster der Steine. Sie muss nicht perfekt sein, wir passen sie später noch an.

Schritt 03

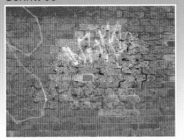

Drücken Sie Q, um im Maskierungsmodus zu arbeiten. Bereinigen Sie die Auswahl, indem Sie mit einem harten Pinsel in der Maske malen. Schwarz entfernt Bereiche aus der Auswahl, Weiß fügt welche hinzu.

Schritt 04

Drücken Sie Q erneut, um in den normalen Modus zurückzukehren. Für das Loch können Sie jetzt einfach die Löschtaste drücken, aber um permanente Änderungen an den Bildpixeln vorzunehmen, ist es etwas früh. Wählen Sie darum **Ebene>Ebenenmaske>Auswahl ausblenden**. Das Schachbrettmuster sollte zu sehen sein, das transparente Bereiche kennzeichnet.

Schritt 05

Öffnen Sie das Gesicht-Foto, ohne das Mauer-Bild zu schließen. Ich korrigierte Kontrast und Farbe etwas und erhöhte dann die Sättigung **(Bild>Korrekturen>Farbton/Sättigung)**.

Schritt 06

Klicken Sie auf die Miniatur der Gesicht-Ebene und ziehen Sie sie ins Mauer-Bild. Damit entsteht dort eine neue Ebene mit dem Gesicht.

Schritt 07

Standardmäßig liegt die neue Ebene oben im Stapel – über der Mauer-Ebene. Klicken Sie auf die Miniatur der Gesicht-Ebene und ziehen Sie sie unter die Mauer.

Schritt 08

Nun fügen Sie die Hände hinzu. Öffnen Sie das erste Foto und wählen Sie den schwarzen Bereich mit dem Zauberstab aus. Halten Sie die Shift-Taste und klicken Sie in die Bereiche um die Hand, bis der ganze Hintergrund ausgewählt ist.

Schritt 09

Wählen Sie **Auswahl >Auswahl verändern>Glätten...** und geben Sie einen Wert von 2 Pixel ein. Wählen Sie dann **Auswahl>Auswahl verändern>Erweitern...**, wieder mit 2 Pixel. Damit verschwindet der Schein, den der Zauberstab häufig hinterlässt.

Schritt 10

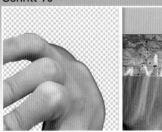

Wenn Ihnen die Auswahl gefällt, verwandeln Sie die Hintergrundebene in eine normale Ebene und fügen Sie eine Ebenenmaske hinzu, um die Auswahl auszublenden (wir haben ja den Hintergrund ausgewählt, nicht die Hand).

Schritt 11

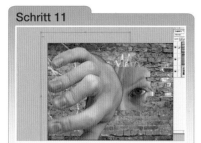

Ziehen Sie die Hand-Ebene wie in Schritt 6 aus der Ebenen-Palette in Ihre Montage. Die Größe müssen Sie anpassen. Verwenden Sie dazu **Bearbeiten>Transformieren>Skalieren** und ziehen Sie einen der Griffe, um die Größe der Ebene zu verändern.

Schritt 12

Wiederholen Sie den Prozess (Schritte 8 bis 11) für die andere Hand. Fügen Sie beiden Hand-Ebenen einen Schlagschatten hinzu (**Ebene>Ebenenstil>Schlagschatten**). Wählen Sie die richtigen Einstellungen anhand der Vorschau.

Schritt 13

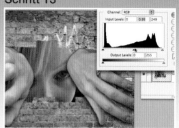

Passen Sie schließlich Farbe und Kontrast der Hand-Ebenen an den Rest der Szene an. Hier dunkelte ich die Mitteltöne mit Tonwertkorrektur nach (**Bild>Korrekturen>Tonwertkorrektur**).

Schritt 14

Bereinigen Sie jetzt die Kanten der Hände, die bei genauem Hinschauen nicht wirklich sauber sind. Wir bearbeiten jede Ebenenmaske. Klicken Sie dazu auf die Miniatur der Maske in der Ebenen-Palette.

Schritt 15

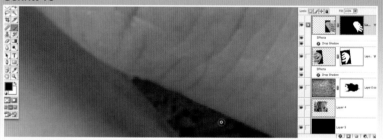

Benutzen Sie einen Pinsel geringer Größe (5 oder 6 Pixel). Eine harte Pinselspitze ist hier besser geeignet. Zoomen Sie weit ins Bild ein (200% oder mehr), um die Kanten der Maske nachzumalen. Schwarz blendet Bereiche der Ebene aus, Weiß legt sie frei. Verwenden Sie auf dem Handrücken einen weicheren Pinsel, damit sich die Hand besser in das Gesicht überblendet.

Schritt 16

Wenn Sie beide Hand-Ebenen bereinigt haben, wählen Sie für jede Ebene **Ebene>Ebenenstil>Ebene erstellen**. Klicken Sie in einer eventuellen Warnmeldung auf OK – die spielt hier keine Rolle.

Schritt 17

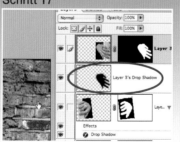

In der Ebenen-Palette sehen Sie, dass der Schlagschatten jetzt eine eigene Ebene hat. Damit können Sie Bereiche löschen, in denen er nicht natürlich wirkt.

Schritt 18

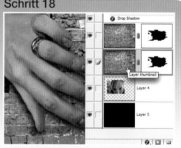

Geben Sie der Mauer jetzt etwas Tiefe, damit sie nicht aussieht, wie aus Pappe geschnitten. Klicken Sie auf die Mauer-Ebene in der Ebenen-Palette und wählen Sie **Ebene>Duplizieren** (Strg-J / ⌘-J).

Schritt 19

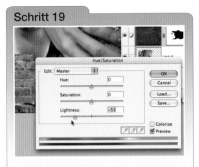

Achten Sie darauf, dass die untere der beiden Mauer-Ebenen ausgewählt ist und wählen Sie Bild>Korrekturen >Farbton/Sättigung. Reduzieren Sie die Helligkeit auf -50.

Schritt 20

Wir müssen nun die Maske der abgedunkelten Mauer-Ebene von der Ebene selbst trennen, um sie unabhängig bewegen zu können. Klicken Sie auf das Bindung-Icon zwischen den beiden Miniaturen. Klicken Sie jetzt auf die Miniatur der Maske, aktivieren Sie das Verschieben-Werkzeug und verschieben Sie die Ebene mit der Pfeiltaste 10 bis 20 Pixel nach links. Sie müssen vielleicht die Maske der abgedunkelten Ebene etwas nachbearbeiten, um das Ende der Ziegel realistischer wirken zu lassen.

Schritt 21

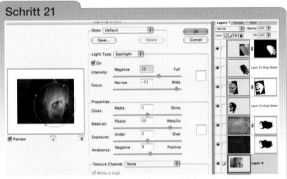

Um den Eindruck zu erwecken, dass es hinter der Mauer dunkler ist als davor, wählte ich Filter>Renderungfilter> Beleuchtungseffekte, um einen Spot hinzuzufügen. Wählen Sie die Gesicht-Ebene in der Palette aus und verwenden Sie die Einstellungen wie oben.

Schritt 22

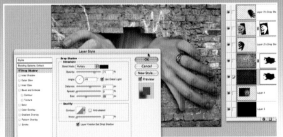

Schließlich muss ein Schatten von der Mauer auf das Gesicht fallen. Wählen Sie die untere (dunklere) Mauer-Ebene und dann Ebene>Ebenenstil>Schlagschatten…. Verwenden Sie eine Größe von ca. 90 Pixel und eine Distanz von ca. 65 Pixel. Nun brauchen Sie nur noch einzuzoomen, Ihre Arbeit genau zu untersuchen und, wenn nötig, etwas zu verbessern.

Kurze Tipps

■ Zwar enthält dieses Projekt alle Schritte, die für die Montage auf der ersten Seite nötig sind, aber Sie können sie natürlich noch verfeinern. Wenn Sie noch etwas Zeit investieren, bekommen Sie es bestimmt noch besser hin als ich.

■ Überprüfen Sie, ob Farbe und Kontrast aller vier Elemente möglichst gut zusammenpassen.

■ Die Struktur ist wichtig; zwar wurden alle Elemente digitale fotografiert, dennoch aber mit drei verschiedenen Kameras. Um die Unterschiede in der Aufnahme zu verbergen, fügen Sie eine Strukturebene hinzu. Das geht so:
(i) Wählen Sie Ebene>Neu>Ebene.
(ii) Stellen Sie in der Dialogbox den Modus auf Ineinanderkopieren und schalten Sie die Checkbox Mit neutraler Farbe für den Modus 'Ineinanderkopieren' füllen (50% Grau) ein.
(iii) Stellen Sie sicher, dass die neue Ebene oben im Stapel liegt und wenden Sie Filter>Rauschfilter>Rauschen hinzufügen an.

■ Um die Größenverhältnisse im Bild klarzustellen, fügen Sie ein weiteres Element hinzu – ein Fahrrad oder einen Briefkasten –, so dass die Hände riesig wirken.

■ Speichern Sie die Montage immer mit Ebenen (PSD) – auch wenn Sie die Ebenen auf eine reduzieren oder als JPEG oder TIFF speichern. So können Sie später immer zurückkehren und etwas ändern, ohne neu beginnen zu müssen.

■ Speichern Sie alle globalen Änderungen – die Struktur, Scharfzeichnung und Farb-/Kontrastkorrekturen – und arbeiten Sie auf einer Kopie der Montage (vor allem, wenn Sie die Ebenen reduzieren).

»AUS DEM BILD HERAUS«-MONTAGE

⏱ 30 MINUTEN
📊 FORTGESCHRITTEN

Versehen Sie jedes beliebige Bild mit einem coolen 3D-Effekt.

Original

Ergebnis

Zwar können Sie diesen Effekt bei fast jeder Aufnahme einsetzen, bei einem Foto wie diesem funktioniert er jedoch besonders gut, da das Tier aus dem Foto zu springen scheint. Der Erfolg dieser Illusion hängt von Ihren Auswahl- und Maskierungskünsten ab.

Schritt 01

Duplizieren Sie die Hintergrundebene, verwandeln Sie den Hintergrund dann in eine bearbeitbare Ebene (Doppelklick auf die Miniatur in der Ebenen-Palette).

Schritt 02

Legen Sie ein Auswahlrechteck an. Damit definieren Sie den Rahmen, legen also fest, welche Bereiche des Bildes »aus dem Bild herauskommen«.

Schritt 03

Wählen Sie Auswahl>Auswahl transformieren und halten Sie beim Klicken und Ziehen der Griffe die Strg (⌘)-Taste gedrückt. Sie wollen einen perspektivischen Effekt erzielen, der zur Szene passt.

Schritt 04

Blenden Sie kurz die obere Ebene aus und wählen Sie die untere Auswahl (Klick in der Ebenen-Palette). Während die Auswahl der Schritte 2 und 3 noch aktiv ist, klicken Sie auf das Icon Ebenenmaske hinzufügen unten in der Ebenen-Palette.

Schritt 05

Blenden Sie die obere Ebene wieder ein und reduzieren Sie die Deckkraft auf 50% (so sehen Sie besser, was Sie tun). Nehmen Sie die halbtransparenten Rahmen als Richtlinie und legen Sie mit dem Polygon-Lasso eine grobe Auswahl um die Bereiche des Motivs, die aus dem Bild treten sollen.

Schritt 06

Stellen Sie die Deckkraft der oberen Ebene wieder auf 100%. Fügen Sie zur oberen Ebene eine Maske hinzu, basierend auf der eben erstellten Auswahl.

Schritt 07

Klicken Sie auf die Miniatur der oberen Ebene und wählen Sie den Pinsel mit einer kleinen Spitze und 100% Härte.

Schritt 08

Malen Sie mit Schwarz auf die Maske und verfeinern Sie die Bereiche, die außerhalb des Bildes stehen sollen.

Schritt 09

Wenn Sie an einer Maske arbeiten und versehentlich zu viel löschen, können Sie die Vordergrundfarbe in Weiß ändern und malen, um Bereiche wieder freizulegen. Malen Sie die perfekte Kante.

Schritt 10

Erzeugen Sie jetzt eine neue Ebene (Strg-Shift-N/⌘-⇧-N) und füllen Sie sie mit Weiß (drücken Sie dazu am besten erst D, dann Strg-Löschtaste/ ⌘-⌫).

Schritt 11

Erzeugen Sie eine weitere neue Ebene und legen Sie sie unter die beiden Schlangen-Ebenen (über den weißen Hintergrund). Malen Sie mit einem großen, weichen Pinsel Schatten unter die Bereiche, wo die Schlange aus dem Bild tritt.

Schritt 12

Das ist die Schatten-Ebene, die ich in Schritt 1 erzeugt habe (ich blendete die beiden Ebenen darüber kurz aus). Das sind echt nur ein paar Pinselstriche. Je nach Bild sind die Schatten natürlich etwas anders. Reduzieren Sie die Deckkraft dieser Ebene auf 20%.

Schritt 13

Fügen Sie nun zum Rahmen selbst einen Schatten hinzu. Wählen Sie die untere der beiden Schlangen-Ebenen und wählen Sie **Ebene>Ebenenstil>Schlagschatten**. Da dies wie ein Blatt Papier auf dem Boden aussehen soll, erzeugte ich nur einen sehr kleinen Schatten mit einem geringen Abstand (Abstand: 5 Pixel, Überfüllen: 0%, Größe: 7 Pixel).

Schritt 14

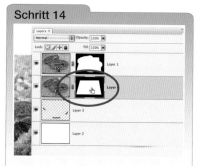

Schließlich wollte ich, dass das Bild einen weißen Rahmen bekommt. Verwerfen Sie dazu den Schlagschatten aus Schritt 13. Halten Sie die Strg-Taste und klicken Sie auf die untere Schlangen-Ebene, um eine Auswahl basierend auf der Maske zu erstellen.

Schritt 15

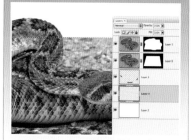

Klicken Sie nun auf die untere Ebene und wählen Sie **Ebene>Neue Ebene**. Damit erstellen Sie eine neue, transparente Ebene über dem Hintergrund. Wählen Sie **Bearbeiten>Füllen** und füllen Sie die Ebene mit Weiß. Heben Sie die Auswahl auf. Fügen Sie zu dieser Ebene einen Schlagschatten hinzu (Schritt 13).
Wählen Sie jetzt **Bearbeiten>Frei transformieren** und ziehen Sie die Ecken der Ebene nach außen, um einen Rand zu erstellen.

MIT DIESER TECHNIK EXPERIMENTIEREN

Diese ist eine der Techniken, die, wenn Sie sie einmal beherrschen, bei fast jedem Bild funktonieren.

Manche Motive brauchen einen vertikalen Rahmen, die Technik ist aber identisch.

In diesen Beispielen wurde ein rein weißer Hintergrund ersetzt.

Hier verwendete ich einen etwas dekorativeren Rahmen, außerdem einen sorgfältig gemalten Schatten, der das Bild dreidimensional wirken lässt.

BRIDGE UND CAMERA RAW

Sie mögen zwar noch nicht lange im Geschäft sein, aber Adobe Bridge und Camera Raw haben sich schnell weiterentwickelt. Zu Recht ist Bridge mittlerweile ein eigenständiges Programm, Camera Raw bekommt mit jedem Update neue und bessere Werkzeuge.

Adobe Bridge begann als Dateibrowser in Photoshop 7.0 und wurde in CS verbessert. Der Dateibrowser war und ist ein recht langsamer, beschränkter, dennoch nützlicher digitaler Lichttisch, um Miniaturen durchzusehen. Seine Fähigkeiten beim Sortieren, Bewerten und Umbenennen sind eher rudimentär, auf einem modernen Computer geht das deutlich schneller (als Photoshop7.0 2002 erschien, war die Hardware noch nicht reif dafür). Da der Dateibrowser in Photoshop lief, hatte er auch einen negativen Einfluss auf die Leistung des Programms.

Mit der Einführung von Photoshop CS2 kam also Bridge, ein eigenständiges Programm - das, obwohl es dazu gedacht ist, die Programme der Suite aneinander zu binden, selbst einen starken Workflow entwickelt hat, der für Digitalfotografen sehr hilfreich ist.

Das Camera Raw-Zusatzmodul wurde zuerst in Photoshop CS ausgeliefert. Seitdem hat es sich entwickelt und ist einer der umfassendsten und populärsten Raw-Konverter der Welt. Er wurde in Bridge integriert, so dass auch JPEGs von seinen starken Werkzeugen profitieren können. Aber wenn Sie mit Raw-Dateien arbeiten, treten seine wirklichen Fähigkeiten zu Tage, und wenn Sie eine digitale Spiegelreflexkamera besitzen und das Raw-Format noch nicht ausprobiert haben, wissen Sie nicht, was Sie verpassen.

ADOBE CAMERA RAW UND BRIDGE-GRUNDLAGEN

Auch wenn Sie nicht im Raw-Format fotografieren oder große Bildersammlungen haben, nehmen Sie sich einen Moment für diese Zusatzprogramme. Sie werden es nicht bereuen.

Bridge und Camera Raw allein könnten mehrere Kapitel dieses Buches füllen und auf diesen wenigen Seiten kann ich nur kurz beschreiben, was sie sind und was sie tun. Wie bereits erwähnt, haben beide in den letzten Jahren eine erstaunliche Entwicklung durchgemacht. Vor allem Bridge hat mit jeder neuen Version wichtige neue Funktionen und Verbesserungen erfahren. Wenn Sie mit Photoshop 7.0 oder CS arbeiten, sind Sie mit dem Dateibrowser geschlagen, und ehrlich, es gibt bessere Programme, um Bilder durchzusehen und zu benennen, die die Leistung von Photoshop nicht beeinträchtigen.

Bridge wurde erst mit CS3 erwachsen, als es Funktionen wie die Vergleichsansicht mehrerer Bilder mitbrachte, Stapel und die Lupe, beeindruckende Filter, eine bessere Diashow und Importfunktionen, die es zu einer lohnenden Alternative zu Workflow-Programmen machten. Einige nützliche Funktionen finden Sie auf der nächsten Seite.

Wofür benutzen Sie also Bridge? In erster Linie ist es immer noch ein Dateibrowser, abgesehen von den vielen Zusatzfunktionen. Eine gute Möglichkeit, Bilder zu sortieren, bevor Sie sie in Photoshop bearbeiten. Das

Adobe Camera Raw 2.x war die erste Version, die mit Photoshop ausgeliefert wurde.

Bewertungssystem und die Benennung machen den Vergleich zwischen vielen ähnlichen Bildern deutlich leichter. Außerdem können Sie hier Camera-Raw-Entwicklungseinstellungen anwenden, ohne Photoshop öffnen zu müssen.

BRIDGE-ENTWICKLUNG

Vom langsamen, untermotorisierten Miniaturbrowser zum schnellen, eleganten und leistungsstarken Workflow-Tool für Digitalfotografen ist Bridge schnell erwachsen geworden.

Der **Dateibrowser** in Photoshop 7.0 taugte nicht viel. In CS wurde er besser, aber seine Funktionen sind noch sehr beschränkt - immerhin kann man sortieren, suchen, Stapel verarbeiten und Bilder bewerten.

Die erste Version von Bridge (im Bundle mit CS2) ist weiter entwickelt, mit flexiblen Layouts, integriertem Camera Raw, skalierbaren Miniaturen und vielen Nebenfunktionen. Und es ist kein schwebendes Fenster in Photoshop mehr.

CS3 brachte eine Reihe neuer Funktionen, einen neuen Look und eine immense Leistungssteigerung. Vorher hatte ich, wie viele andere Fotografen, Bridge ignoriert, jetzt ist es der Dateibrowser meiner Wahl.

BRIDGE-FUNKTIONEN CS3/CS4

Die erste wirklich gute Version von Bridge gab es mit Photoshop CS3 und es wird immer besser.

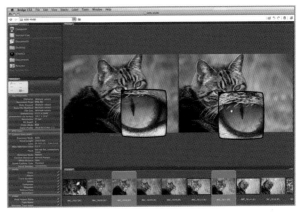

Bridge hat jetzt eine Reihe vorgefertigter Layouts (hier die **Filmstreifen**-Ansicht). Wenn Sie mehrere Bilder auswählen, können Sie sie nebeneinander anschauen und vergleichen.

Die neue Lupe zeigt eine Vergrößerung von 100-800% (klicken Sie einfach in die Vorschau und scrollen Sie). Halten Sie die Strg (⌘) -Taste gedrückt, um mehrere Lupenansichten miteinander zu verbinden - genial, um Bilder zu vergleichen.

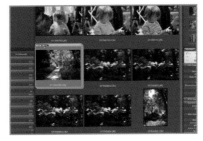

Jedes Bild - Raw oder JPEG - kann in **Camera Raw** in Bridge geöffnet werden, ohne Photoshop zu bemühen. In Bridge CS4 können Raw-Entwicklungseinstellungen zwischen Dateien kopiert werden.

Mehrere Fotos können in **Stapel** gruppiert werden (unter einer Miniatur) - das ist nützlich, wenn Sie viele Bilder im selben Ordner betrachten.

Tastenkürzel

In Camera Raw öffnen
(In Bridge, nicht in Photoshop)
⌘ / Ctrl - R

Drehen um 90° UZS	**Drehen um 90° GUZS**
⌘ / Ctrl - U	⌘ / Ctrl - ⇧ + U

Ansicht umschalten	**Stapel umbenennen**
⌘ / Ctrl - Enter	⌘ ⇧ / Ctrl ⇧ - R

Bewerten

⌘ / Ctrl +

0	Keine
1	★ Bewertung
2	★★ Bewertung
3	★★★ Bewertung
4	★★★★ Bewertung
5	★★★★★ Bewertung

Bewertung verringern	**Bewertung erhöhen**
⌘ / Ctrl - ,	⌘ / Ctrl - .

Diashow	**Standard-Arbeitsbereich**
⌘ / Ctrl - L	⌘ / Ctrl - F1

Miniaturgröße erhöhen/ vermindern
⌘ / Ctrl - + / -

Bridge konnte schon immer Stapel umbenennen. In der aktuellen Version gibt es noch viele andere neue Optionen, obwohl speziell dafür entwickelte Prgramme immer noch im Vorteil sind.

Die **Diashow** ist eine Art Überholspur, um Fotos bildschirmfüllend zu betrachten. Klicken Sie mit der Maus, um auf 100% zu springen, drücken Sie die Tasten 1 bis 5, um Bewertungen zu vergeben.

Adobe Camera Raw (ACR) ist ein Plug-In, mit dem Photoshop unverarbeitete Raw-Dateien von Digitalkameras öffnen und verarbeiten kann. Im Raw-Format zu fotografieren, bringt (im Gegensatz zu JPEG) viele Vorteile für den anspruchsvolleren Fotografen. So kann man die Parameter wie Weißabgleich und Scharfzeichnung ändern, nachdem die Aufnahme bereits

im Kasten ist. Da Sie mit allen Daten herumspielen können, die der Sensor aufgenommen hat (bei JPEG übernimmt die Kamera intern die Verarbeitung) sind Raw-Dateien gefügiger als JPEGs und können auf nicht-destruktive Weise wirkungsvoller bearbeitet werden. Sie können auch Fotos von einer Digitalkamera im 16-Bit-Modus importieren – wichtig für professionelle Fotografen mit

hochwertiger Ausrüstung.

Die meisten (nicht alle) Farbregler in ACR gibt es auch in Photoshop, aber wegen der überschaubaren Bedienoberfläche verwenden Fotografen Sie gern in ACR und wechseln nur zu Photoshop, wenn fortgeschrittene Werkzeuge nötig sind. Darum ist wohl auch Adobe Lightroom so populär (das auf den Funktionen von Bridge und ACR aufbaut).

ADOBE CAMERA RAW-GRUNDLAGEN

Wenn ein Kameramodell unterstützt wird, öffnet sich beim Öffnen einer Raw-Datei das **Camera-Raw-Fenster**. Sie sehen 3 bis 8 Bedienfelder. Manche gibt es nur in ACR (z.B. **Weißabgleich**), andere imitieren Photoshop-Steuerungen.

ACR besitzt einfache **Unscharf-maskieren**- und **Rauschreduzierung**-Regler (ich überlasse ACR meine Rauschreduzierung, das Scharfzeichnen mache ich jedoch in Photoshop).

Wenn Sie fertig sind, haben Sie die Wahl, ein Bild in Photoshop zu öffnen oder direkt in ein anderes Format zu konvertieren. Wenn Sie ACR in Bridge verwenden und auf **Fertig** klicken, werden die Entwicklungseinstellungen in der Raw-Datei gespeichert, diese wird jedoch nicht geöffnet oder konvertiert.

Neuere Versionen von ACR gestatten es, mehrere Raw-Dateien auf einmal zu öffnen und dieselben Einstellungen auf alle anzuwenden oder sie einzeln zu bearbeiten. Sie können auch Entwicklungsvorgaben speichern, um sie an weiteren Fotos anzuwenden.

Neuere Versionen von ACR besitzen auch nicht-destruktive Reparaturwerkzeuge, um Staub und rote Augen zu entfernen und Bilder zu begradigen. Auch eine Schwarzweiß-Umwandlung gibt es.

Camera Raw 5.0 (Photoshop CS4) treibt es noch weiter: Mit dem neuen Korrekturpinsel und den Verlaufswerkzeugen können Sie nicht-destruktive, lokal begrenzte Korrekturen von Raw-Dateien vornehmen.

ANHANG 1: AUTOMATISIEREN MIT AKTIONEN

Bei der Bildbearbeitung wiederholen sich verschiedene Aufgaben. Viele Anwender öffnen alle Dateien und wenden dann bestimmte Prozesse an - Auto-Tonwertkorrektur, Scharfzeichnung, Auflösung anpassen etc. -, bevor Sie jedes Bild mit eindeutigem Namen als TIFF speichern.

Wenn Sie viel fotografieren, kann das schnell nervig werden und hier kommen die Aktionen von Photoshop auf den Plan. Aktionen sind aufgezeichnete Prozesse (ähnlich wie Makros in Textverarbeitungen), die auf einzelne Dateien oder Gruppen als Stapelverarbeitung angewendet werden können. Fast alle - nicht alle - Befehle in Photoshop können aufgezeichnet werden, Aktionen können sehr einfach oder auch komplex sein, wie Sie wollen. Aktionen können als Droplet gespeichert werden (Einzelanwendungen, die Photoshop öffnen und die Aktion auf eine oder mehrere Dateien anwenden, die darauf gezogen werden).

Wofür?

Aktionen sind unendlich oft einsetzbar, von der erwähnten Stapelverarbeitung, dem Hinzufügen von Wasserzeichen bis zum Erstellen von Web-Miniaturen. Aktionen

können Befehlen Tastenkürzel zuweisen. Sie können vollautomatisch ablaufen oder aber den Anwender eingreifen lassen, wenn Werte in Dialogboxen eingetragen werden müssen. Sie können mit Aktionen auch komplexe Effekte mit mehreren Ebenen automatisieren - online werden viele Aktionen für Spezialeffekte ausgetauscht.

Was kann man automatisieren?

Fast alle Befehle in Photoshop. Sie können so ziemlich alle Menübefehle einbinden, Auswahlen (Auswahlwerkzeuge, Zauberstab etc.), das Füllwerkzeug, Verlaufswerkzeug, Radiergummi und alle Befehle, die Sie in den Pfade-, Kanäle-, Ebenen-, Stile-, Farbe-, Farbfelder-, Protokoll- und Aktionen-Paletten finden. Nicht aufzeichnen lassen sich Pinselstriche (Malen, Stempeln etc.), das Anlegen von Pfaden (außer automatisch aus einer Auswahl), Ansichtsoptionen, Fenster-Werkzeuge und Werkzeugoptionen (wobei man manche davon im Nachhinein anwenden kann).

Um eine Aktion zu erstellen sind zwei Schritte nötig - die Aktion zusammenzustellen und sie aufzuzeichnen (dafür muss ein Bild in Photoshop geöffnet sein). Öffnen Sie also ein Bild und blenden Sie die Aktionen-Palette ein (Fenster>Aktionen). Erstellen Sie ein neues, leeres Set (Klick auf das Icon wie oben).

Benennen Sie das Set. Wählen Sie das neue Set in der Palette aus und klicken Sie auf das Icon Neue Aktion erstellen. Die Dialogbox öffnet sich. Benennen Sie die Aktion und geben Sie ihr ein Tastenkürzel, wenn Sie wollen. Klicken Sie auf das Aufzeichnen-Icon.

Jeder Schritt, den Sie ausführen, erscheint in der Liste unter der Aktion, die Sie aufzeichnen.

Der Befehl Datei>Automatisieren>Stapelverarbeitung **lässt Sie jede Aktion auf einen Ordner mit Bildern anwenden und enthält Optionen für Ziel- und Quellordner und die automatische Umbenennung. Aus einer Aktion können Sie ein eigenständiges Droplet erzeugen, wählen Sie dazu** Datei>Automatisieren>Droplet erstellen.

Auch Speichern und Speichern unter werden in die Liste aufgenommen, wenn Sie wollen. Wenn Sie fertig sind, klicken Sie auf den Stop-Button. Sie können die Aktion jetzt ablaufen lassen.

ANHANG 2:
TIPPS UND TRICKS

Was an Photoshop unter anderem Spaß macht, ist die Tatsache, dass man immer noch dazulernt, egal, wie lange man sich schon mit dem Programm beschäftigt. Zum einen, weil Photoshop so groß und komplex ist, zum anderen, weil viele der richtig guten Tipps und Tricks nicht oder nicht gut dokumentiert sind. Ich könnte seitenweise Tastenkürzel aufführen, die Profianwender lieben, aber das Buch ist voll, deshalb beschränke ich mich für den Anfang auf ein paar Tipps, die ich für die nützlichsten halte.

Fast alles kann in Photoshop mit Tastenkürzeln gesteuert werden und Sie finden alle unter **Bearbeiten>Tastaturbefehle** (Strg-Shift-Alt-K / ⌘-⇧-⌥-K). Klicken Sie auf **Zusammenfassen**, um alle auf einer Webseite zu sehen.

Photoshop bietet verschiedene Möglichkeiten, einen Zahlenwert zu ändern:

■ Klicken Sie ins Eingabefeld, halten Sie die Strg-(⌘)-Taste gedrückt und ziehen Sie nach links oder rechts, um den Wert zu erhöhen/zuverringern.

■ Klicken Sie ins Eingabefeld und drücken Sie die Pfeiltasten.

■ Klicken Sie ins Eingabefeld und scrollen Sie mit der Maus.

Wenn Sie gleichzeitig die Shift-Taste halten, erhöhen/verringern Sie den Wert in 10er-Schritten.

AUSWAHLTIPPS

Modifikatoren für die Auswahlwerkzeuge (ohne aktive Auswahl):

■ **Alt** (⌥): Auswahl auf geklicktem Punkt zentrieren.

■ **Shift**: Proportionen beibehalten (perfekte Kreise und Quadrate).

Auswahl-Tastenkürzel:

■ **Shift**: Zur Auswahl hinzufügen.

■ **Alt** (⌥): Aus Auswahl entfernen.

■ **Strg-H** (⌘-**H**): Auswahlumriss ausblenden.

■ **Strg-Shift-I** (⌘-⇧-**I**): Auswahl umkehren.

■ **Strg-Alt-D** (⌘-⌥-**D**): Weiche Auswahlkante.

■ Während Sie mit den Auswahlwerkzeugen arbeiten, können Sie eine Auswahl bewegen, indem Sie die Leertaste halten (ohne die Maus loszulassen).

■ Wenn Sie mit dem Freihand- oder dem Magnetischen Lasso arbeiten, halten Sie die Alt (⌥)-Taste und klicken Sie, um kurzzeitig zum Polygonlasso zu wechseln.

EBENENTIPPS

Tastenkürzel für die Füllmethoden:

■ **Alt-Shift-(plus) und Alt-Shift-(minus)** (⌥-⇧-+ und ⌥-⇧--): Durch die Füllmethoden der aktuellen Ebene bewegen.

■ **Alt-Shift** (⌥-⇧) und die folgenden Tasten geben Ihnen direkten Zugang zu den folgenden Füllmethoden: **C**: Farbe, **N**: Normal, **M**: Multiplizieren, **S**: Negativ multiplizieren, **W**: Linear abwedeln, **E**: Differenz, **T**: Sättigung, **Y**: Luminanz, **U**: Farbton, **I**: Sprenkeln, **O**: Ineinanderkopieren, **A**: Linear nachbelichten, **D**: Farbig abwedeln, **F**: Weiches Licht, **G**: Aufhellen, **H**: Hartes Licht, **J**: Lineares Licht, **K**: Abdunkeln, **L**: Hart mischen, **Z**: Lichtpunkt, **X**: Ausschluss, **V**: Lebendiges Licht, **B**: Farbig nachbelichten.

Füllen-Tastenkürzel:

■ **Alt-Löschtaste** / ⌥-⌫
Mit Vordergrundfarbe füllen.

■ **Strg-Löschtaste** / ⌘-⌫
Mit Hintergrundfarbe füllen.

■ **Strg-Alt-Löschtaste** / ⌘-⌥-⌫
Mit aktuellem Protokolleintrag füllen.

Drücken Sie die Shift-Taste, um beim Füllen die Transparenz zu erhalten.

INDEX

ONLINE-RESSOURCEN

Außer einer Vielzahl an Büchern und Zeitschriftenartikeln gibt es auch viele Online-Quellen mit Informationen zu Photoshop im World Wide Web.

www.photoshopforums.com
Aktive Community für Photoshop-Anwender.

www.photoshopnews.com
News und Links.

www.atncentral.com
Sammlung nutzergenerierter Aktionen.

www.pslover.com
Sammlung nutzergenerierter Tutorials.

www.getthemostfromphotoshop.com
Die Website zu diesem Buch; laden Sie von hier die Bilder, die Sie brauchen und stellen Sie Fragen an den Autor.

www.planetphotoshop.com
Ausgezeichnete Quelle mit Neuigkeiten und Tutorials.

www.photoshopdisasters.com
Sogar Profis machen hin und wieder Fehler.

www.adobeforums.com
Nutzerforum bei Adobe.

www.worth1000.com
Führende Photoshop-Wettbewerbsseite..

www.photoshopgurus.com
Weitere große Nutzer-Community mit vielen nützlichen Hinweisen und Tutorials.

DANK

Vielen Dank an Claire für ihre Geduld, ihr Verständnis und ihre ständige Unterstützung.
Die Fotos in den Beispielen und Screenshots wurden von iStockphoto, Photodisk/Getty Images, Apple Computers und dem Autor zur Verfügung gestellt. Das Foto auf Seite 2 (wiederholt auf Seite 118) stammt von Julian Cornish Trestrail.